- 英　国 —————— 伦　敦
- 法　国 —————— 斯特拉斯堡
- 法　国 —————— 奥　德
- 卢森堡 —————— 卢森堡
- 意大利 —————— 米　兰
- 瑞　士 —————— 日内瓦
- 挪　威 —————— 卑尔根
- 俄罗斯 —————— 莫斯科
- 塞尔维亚 —————— 贝尔格莱德
- 罗马尼亚 —————— 布加勒斯特
- 阿塞拜疆 —————— 巴　库
- 希　腊 —————— 圣托里尼
- 加拿大 —————— 多伦多
- 加拿大 —————— 蒙特利尔
- 墨西哥 —————— 瓜达拉哈拉
- 古　巴 —————— 哈瓦那
- 南　非 —————— 约翰内斯堡
- 尼日利亚 —————— 阿布贾
- 日　本 —————— 大　阪
- 印度尼西亚 —————— 雅加达

Experiencing
Bookstores
Around the World

全球书店步行

第五辑

步行

汪耀华——主编

上海人民出版社

前　言

◆ 李　爽（上海市书刊发行行业协会会长）

物有本末，事有终始。知所先后，则近道矣。

——《大学》

自2021年"全球书店步行"项目启动，我们用五年时间、五卷书册，跨越地理与文化的藩篱，以脚步丈量世界的书页，以文字编织书店的经纬。这一路，我们从身体被困的"云游"启程，穿越数字时代的喧嚣，目标始终只有一个——人类文明最本真的精神驿站——实体书店。而今，当这趟旅程行至第五辑的站点，回望来路，每一家书店都如星辰般闪烁于记忆的夜空；凝望未来，它们更将成为指引我们继续前行的永恒灯火。

2022年，当第一辑带着三十余家书店的故事与读者相见时，我们试图以书店为窗，为困顿的人们打开一方辽阔的精神天地。从欧洲百年老店的沧桑，到东京二手书市的烟火；从巴黎莎士比亚书店的文豪余韵，到西雅图菲尼书店的"抢答冠军"传奇——我们记录的不只是书店的形态，更是人与书、人与城、人与文明相遇的瞬间。

此后，每一辑的出版都伴随着时代的回响。第二辑化身旅行指南，用二十家书店串联起世界的文化脉络；第三辑直面数字洪流，以特色书店宣告实体书店的不可替代；第四辑在电商狂潮中坚守书店"打破信息茧房"的使命。而今，第五辑以更广阔的视野，将足迹延伸至尼日利亚阿布贾会不时停电的书店、阿塞拜疆巴库的独立书店，甚至南法奥德省的隐秘书村。这些曾被忽略的角落，恰恰印证了书店作为人类文明基石的普遍价值——无论贫穷与富贵、无论战争与和平，书籍始终是照亮心灵的微光。

在第五辑中，有伦敦当特书店的美轮美奂，也有贝尔格莱德藏于书店的和平之梦；有圣托里尼亚特兰蒂斯书店的智慧传承，也有蒙特利尔波特兰书店的静水流深。这些故事背后，充盈着书店从业者跨越时空的共鸣。无论是日内瓦书页&啜饮书店（Page & Sips）的咖啡书香，还是莫斯科环球书店的庄严气度，抑或雅加达PERIPLUS书店的遍地开花，它们共同诠释着一个道理：书店不仅是商业场所，更是文化的守护者、记忆的传承者、灵魂的栖息地。

五年来，我们不断追问：在数字与实体、效率与深度的博弈中，书店何以永存？答案或许藏在墨西哥瓜达拉哈拉的"墨海浮光"中——书店与艺术画廊共生，书页的翻动声与油彩的呼吸交织；答案也藏在罗马尼亚布加勒斯特的"光之旋转木马书店"里——充满设计感的书架结合多媒体构建了一个时光机，将读者带入童话般的阅读秘境。

在全球书店步行的旅途中，我们看到了越来越多的中国作家作品及中国元素，从古典名著到现当代名家名作，从介绍中国的游记到展现中式美学对世界的影响，从热卖的中国风文创到与热播剧《我的阿勒泰》同步发行的法语版《在阿勒泰的天空下》……这些场景印证了书店的本质：它从来不是单一文化的堡垒，而是多元文明共生的土壤。书店的永生，不在于拒绝变革，而在于拥抱多元。

记得在第二辑的序言中，我曾以经历停刊又复刊的《花椿》杂志为例，感慨"有些美，只有纸张才能呈现"，近日，我亲历了相似的遭遇。有些美，只有纸张才能呈现！有些阅读体验，只有纸质书可以满足。

俄罗斯诗人茨维塔耶娃在诗句中有一个很著名的提问：我们作为一个动物而生，如何作为一个人死去？或许，我们智慧的华夏民族的先祖早就给出了答案——读万卷书，行万里路。

所以，《全球书店步行》（第五辑）并非探索的终点，而是新一轮发现的序曲。

当人类在数字与科技的迷雾中摸索前行，对算法的依赖日益加深，对虚拟的沉迷愈发难以剥离时，文字依然以最原始的笔画勾勒思想的轮廓，书籍依然以纸张的重量承载文明的体温，文化依然以沉默的韧性穿透时代的喧嚣。而实体书店，始终是它们无法被解构的栖息地——这里没有数据流的冲刷，没有推荐算法的绑架，只有书页翻动时的细响、油墨气息的氤氲，以及陌生人在同一盏灯下偶然交汇的目光。它用空间的实存对抗数字的虚无，用偶然的相遇消解精准推送的茧房——真正的永恒，从来不在云端，而在指尖触碰书脊的瞬间。

　　探访全球书店，步履不停；书与人的故事，永无终章。

目　录

伦敦最美书店：当特书店

◎ 文 / 昭 觉

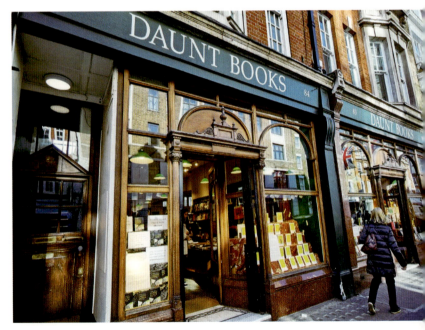

这家书店在这条大街上有两个门牌号：83和84

当特书店（Daunt Books）不仅被"伦敦秘境"（Secret London，一个推荐伦敦小众景点的平台）称为"伦敦最美书店"，也是全球最美的20家书店之一。

多雨的伦敦，难得的午后阳光透过拱形的彩色玻璃窗照进来，映在马里波恩大街当特书店的书架上。

几乎所有到伦敦的爱书人，都会抽时间到这家古色古香的书店，顺着古老的扶梯，从古旧的书架上取出几本书，然后坐在英式木椅上，慢慢地翻阅，慢慢地消磨时光。

书丛中的鲜花和阳光一样灿烂，阅读的心情和鲜花一样绽放，时光顺着书页倒流。历史悠久的书店中深藏的故事，也在磨得有些发亮的扶梯和褐色的廊栏背后、在安静的书架里慢慢显现。

变，是唯一的不变：当特书店的来历

Daunt是惊诧的意思。所有来这家书店的读者，几乎都被这如油画般静美的意境惊艳到。

实际上，当特（Daunt）是这家连锁书店的创始人——银行家爱奇利斯·詹姆斯·当特（Achilles James Daunt）的名字。

1990年，他将六家别具一格的书店收归旗下，创立了Daunt Books连锁店，其中包括位于马里波恩大街83号、有着上百年历史的弗朗西斯·爱德华兹书店。

自从这个店面进入当特书店连锁商业体系，供应链的上下游变得更加通畅，当特书店在英国迅速拥有马里波恩、荷兰公园、奇普赛德、汉普斯特德、贝尔塞斯公园、萨默敦、猫头鹰书店、哈特的书店、马洛书店等九家连锁店。

阳光、书廊、包装纸和地图，构成了一道风景

在共同营造的"当特影响力"下，马里波恩店凭着它"古色古香"的贵族出生史，和"美轮美奂"的典雅气质，很快进入了"古老书店的当红时代"。

变，是唯一的不变；金融资本对传统书店甚至咖啡店、零售店的改变，早在20年前就已经成为一种趋势，很少有书店能够抵挡金融资本和互联网的双重冲击。连锁书店的发展，可以看出银行家身后资本的力量。詹姆斯·当特在英国是一个传奇式的商人，他巧妙地将传统书店、金融资本和互联网融为一体，将特色书店和连锁书店融为一体，英国媒体甚至称他为"拯救书店的人"。

当特书店旗下还成立了一家独立出版公司当特书店出版公司（Daunt Books Publishing），经营出版和印刷业务，"我们出版最好、最令人兴奋的英文和翻译作品"。当特书店同时是独立联盟（The Independent Alliance）的成员，这是一个由15家拥有共同愿景的独立出版社组成的联盟，强调卓越的编辑、原创，多样化的出版、营销创新和商业成功。

虽然是连锁店，但每家当特书店都

油画般静美的意境

"美轮美奂"的典雅气质

非常有名，也各具特色。马里波恩大街的这家，以售卖旅游类图书闻名遐迩。

鼎盛时期：爱德华时代的漂亮装饰

书店所在的建筑，保留着爱德华时代（Edwardian Era）的建筑装饰风格。

爱德华时代指1901年至1910年，英国国王爱德华七世在位的时期。这段时间被认为是大英帝国的黄金时代。爱德华国王风流倜傥，喜好旅游。当时处于鼎盛时期的英国人带着19世纪以来的"日不落帝国"的高傲周游世界，展现着贵族的时尚，也带回了许多欧洲大陆的时尚潮流。

因此，这个时代，在英国，特别是伦敦，关于旅游的图书备受欢迎；这个时代的建筑，也充满时尚和华丽的气息。难怪多年之后，爱德华时代的建筑会成为英国人回忆荣光的依托之一。

门廊上写着：英伦群岛、欧洲（旅游书）；楼下是世界上的其他地方（旅游书）

直走是英伦三岛和欧洲其他各地的书，下楼是美洲、非洲、亚洲、大洋洲的书

这座建筑的一部分从1910年起改建成弗朗西斯·爱德华兹（Francis Edwards）书店。

原来的弗朗西斯·爱德华兹书店是并入当特书店，还是改弦易张？是已经倒闭，还是彻底从图书界消失了呢？为什么这么重要的历史，会在当特书店的网站上找不到更多踪迹呢？

一个在全球最美书店中可以排进前20名的书店，居然对自己的历史语焉不详，在我看来，在英国这样一个重视历史的国家，是不可思议的事，它的背后，一定有许多不为人知的故事。

我们尝试着从别的角度来探询这家书店更深远的历史。

既然当特书店网站所有的介绍，除了1910年和弗朗西斯·爱德华兹这个名字外没有更多的信息，那就尝试着找找弗朗西斯·爱德华兹。

伦敦还真有这样一家规模不小的弗朗西斯·爱德华兹古董书店（Francis Edwards Antiquarian Bookseller），它与当特书店马里波尔店的前身——弗朗西斯·爱德华兹书店有什么关联呢？

19世纪中叶，英国已经完成了工业

爱书者

革命，工商业迅速发展，生产能力急剧增长，为了消化这些商品和过剩的生产能力，英国急剧向外扩张，也从世界各地掠夺了数量惊人的文物和宝贵的资源。

英国的文化在这个时期也迅速发展，大量优秀作家的作品喷薄而出。

一方面，华兹华斯等湖畔诗派的浪漫主义，将诗歌从古典主义的僵化中解放出来，在描写自然风光、以平民语言描写平民生活、思想和感情的过程中，寄托着作者的自我反思和人生哲理的探寻。

另一方面，狄更斯的《雾都孤儿》《艰难时世》《远大前程》《大卫·科波菲尔》，成为批判现实主义的代表，勃朗特三姐妹的《简·爱》《呼啸山庄》等，散发出女性主义的思想光辉，无数优秀的作品得到了读者们的喜爱，也给图书事业带来了巨大的发展空间。

当时，1855年，弗朗西斯·爱德华兹在伦敦西区创建了古董书店，并迅速成为伦敦著名的书店和出版商。1910年，创始人弗朗西斯·爱德华兹买下伦敦马里波恩大街83号（83 Marylebone High Street），将这里改建为一座美轮美奂的书店，即现在当特书店的前身。

1912年，弗朗西斯·爱德华兹书店乔迁此地，世界上第一家定制书店在这里正式开业。罗大卫（David Low）在1973年出版的《我所有的过失》（*With All My Faults*）一书中，曾经称赞它是"世界上设计得最令人愉悦的书店"。

每一个区域都有员工的工作台，这家书店大约有20多位员工

定制书店的业务方式

　　第一家定制书店是什么意思呢？是指这里的内部装修，全部按照弗朗西斯·爱德华兹的意图定制，还是指他们的业务，包含了为图书馆、出版社的定制业务呢？

　　过去，书店对图书馆的服务，就是买卖关系，现在，一些书店对客户的服务已经延伸到定制、咨询管理等一条龙服务。由专业的团队为图书馆选书、帮助图书馆排列和整理图书，甚至为图书馆定制不同风格的藏书阁，这对于一家优秀的书店经营团队来说，驾轻就熟；因为不断和客户打交道，他们可能比一些图书馆的工作人员更懂得读者的需求。

　　他们甚至还提供婚礼礼品和图书清单，以及为远方的朋友订阅图书服务。

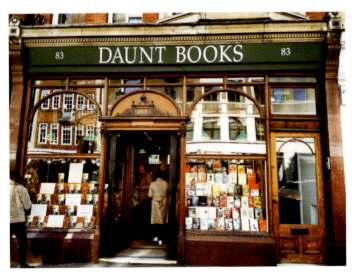

当特书店门脸不大，但走进去别有洞天

就像订阅杂志一样，当特书店的年度订阅分为180英镑的平装书、360英镑的精装书、150英镑的儿童书和360英镑的烹饪书等多种种类。

"您可以选择一年订6本书，或者12本书。年度订阅者会定期收到一本由我们的订阅团队精心挑选的书籍"，当特网站介绍说，你可以根据自己的喜好定制不同风格的图书，你还可以为您的亲人、朋友订阅书籍。

如果亲朋好友收到的图书是已经读过的怎么办？不用急，他们可以带上图书到任何一家当特书店更换，或者邮寄回去更换。

当特书店还可以订购礼券。"这是款待家人和朋友的完美方式。礼券印在奢华的锤打卡片上，并印有 Marylebone 商店的精美插图"。这些礼券可以是10 英镑到 300 英镑之间的任意金额。

员工与读者的关系很亲近，但他们不会轻易打扰读者。一个

花窗前的帘子放下来，就是作家见面会投影的幕布

玻璃花窗台上排列的书，像不像大学时靠窗的书架？

成熟的书店，最重要的财富不仅仅是店面、品牌、库存的图书、销售的渠道、长年积累的客户关系、营销能力，更重要的是他们学识渊博的员工，和他们常年与读者交流、博览群书形成的知识图谱，以及对图书分类、推荐的经验——这些都是一家优秀的书店不可或缺的无形资产。

这家书店大约有20位员工，虽然每一个重要区域都有员工的工作台，但除了收银台，几乎所有的员工都在各个书架前忙碌，或整理刚刚进货的新书。

这是否源自弗朗西斯·爱德华兹古董书店的经营方式，不得而知。现在，弗朗西斯·爱德华兹古董书店已经搬到著名的Hay Cinema 书店的顶层，仍然专注于航海和旅行、海军和军事、自然历史、科学和医学、艺术和建筑、历史、文学和社会科学，在这里珍藏着 7000 多本古董和二手书，并定期出版书目期刊。

漫步当特书店：愉悦的精神之旅行

当特书店，这家"伦敦最美书店"几乎每周都有作家与读者见面活动，书店的营业时间也很长，除了周日是11点到18点，其余每天都是上午9点开门，晚上19：30结束营业。

绿色的当特书店在马里波尔大街上有两个门牌号：83和84。门面不大，只有两个橱窗，但走进去会发现别有洞天。

书店有前厅和中厅和后厅三级进深。前厅和中厅交界处正中一道木制楼梯，通往负一层；左墙有一道侧梯，通向二层书廊。

中厅由宽敞的中庭和侧面的书廊组成，顶上挑空的玻璃阁楼，让舒展的天光透进来，照在中庭的书桌、书架、鲜花上，让读者的心情随之透亮。

书廊与前厅之间的玻璃花窗台上排列着书，像极了大学时靠窗的书架，阳光，靓丽，充满生命的活力、丰富的内涵与不可知的未来。

书不仅能够留下旅人的脚步，还能够留住旅人的心情，后厅末端的雕花玻璃窗前，一束鲜花、几把木椅，走累了可以坐下来，看看书，养养心。

花窗前的帘子放下来，就是差不多每月两次作家见面会时投影的幕布。

所有外在的美观，都是装饰。浩瀚的书海中，深邃而丰富的内容，才是一家书店最美的风景。

当特书店马里波尔店中品类丰富，据说这里拥有超过40000

本书，从旅游、时尚到诗歌、小说、商业、历史、家居、食谱，等等，应有尽有，但我觉得这些书多以"用心和眼睛，用智慧和情感走遍世界"为主线。

除了前厅的一部分推荐书目外，大多数图书都按大洲、国家和地区分类。当然英国最多，极地圈也单独作为一个地区分类。具体各大洲又按字母排列，从前厅进入中厅，是英伦三岛和欧洲的图书，顺着楼梯向下走，是美洲、非洲、亚洲、澳大利亚等。

地图是不可或缺的重要内容

从中厅的书廊看下去，书店像一艘航行在书海的船

《制图者的世界：欧洲世界地图的文化史》

包装好的书

　　既然以世界为书海，各大洲、各国的旅游地图自然是少不了的一道风景。后厅的地图架既美观又深邃，随意打开一幅地图，都能够走进一个既熟悉又陌生的世界。

　　在一个书台上，还摆放着一本《制图者的世界：欧洲世界地图的文化史》。这是一本很有意思的书，向我们展示了从8世纪到18 世纪末欧洲世界地图的发展历程。从这本插图丰富的历史地理书中可以看出，地图的发展不仅与意识形态和政治权力有关，还与艺术和科学的发展历史有关。

　　而在他们的网站上，则按照以下的品类分类，这种分类法我还第一次见到——

　　小说分类：分为新版本、平装新品、精装新品，包括犯罪与惊悚类、经典类、综合类，等等；

　　非小说类：分为新版本、平装新品、精装新品，包括建筑学、艺术与摄影、传记与回忆录、商业、食谱、时尚、美食写

《西游记》的版本最多

作、历史、家居与园艺、幽默、音乐与娱乐、自然与环境、政治、科学技术、运动、旅行写作、旅游指南等；

孩子们的书：圣诞书籍、婴幼儿、儿童教育、游戏和拼图、诗歌、青年成人，等等。

把诗歌列入孩子们的书，足以看出他们对未成年人素质教育的重视。

当然，书店分类中还包括二手书和推荐书，精美的贺卡和年历手册等。

心海驻足，书海漂流

在二楼的书廊上漫游，甚至会遇到一些像盲盒一样包装精美的图书，是读者退换，还是准备寄出？虽然无法打开这些书，但透过漂亮的包装纸，我们仿佛看到了另一些爱书者的形象，他们不在书店，却又仿佛一直与书店相连；他们分布在各地，好像模模糊糊，却又十分亲近。

　　莎士比亚、狄更斯、艾略特、雪莱、拜伦……数不胜数的英国作家，为这家书店带来了最基本的文学底蕴。一本关于济慈的书安静地立在古旧的书架上，但他的诗歌历久弥新。在这本名为《济慈：九首诗和一个墓志铭的简短生活》（*Keats: A Brief Life in Nine Poems and One Epitaph*）的书中，卢卡斯塔·米

这些都是关于中国的图书

勒（Lucasta Miller）选取了济慈（Keats）最著名的九首诗歌，挖掘了它们的背景故事。

写诗要趁早。虽然济慈25岁的一生很短暂，但他的诗歌被奉为浪漫主义诗歌的代表，"济慈对语言发自内心的热爱，使他彻底改变了英国文学的面貌"。他为自己撰写的墓志铭是这样的：Here lies one whose name was writ in water。这句话的翻译有许多版本，我试着把它翻译成："人在此长眠，名如水流去"，颇有1000多年前东方浪漫主义诗人李白那首"事了拂衣去，深藏身与名"的感觉。

书店前厅一个堆台上，隆重推荐一本书，叫《狗狗的心》（*Dog Hearted*）：

"它超越了湿漉漉的鼻子和摇摆的尾巴，触及了让狗成为我们真正终生伴侣的核心。"

那些带着行李的读者精心选购图书后，收银员会仔细地帮忙装在购书袋中。拎着这样一个购书袋在伦敦街头漫步，恍如茫茫人海中航船的锚，无论走到哪里，都可以将心定格在某处。

顺着古色古香的楼梯来到楼下，与中国有关的图书都在这一层。

根据字母排列顺序，中国图书分在亚洲区（Asia），A字头的大区，都在地下一层，或者叫A层。

其实这一层最安静。中间层和上一层，除了读书人外，还有许多慕名而来的"网红打卡者"。但来到地下室这一层的基本上都是认真浏览图书的爱书者。美国的图书也在这一层，因为被分在美洲区（America），也是A字头的大区。许多非洲作家的著作也在这一层。

与中国相关的图书种类很丰富。从多个版本的《西游记》《三国演义》《红楼梦》《聊斋志异》到《道德经》，从《三体》到《狼图腾》，再到目前流行的一些年轻人喜欢的小说，丰富多彩、琳琅满目。其中，《西游记》的版本最多。

《马可·波罗游记》也被放在中国图书一栏，埃德加·斯诺的《红星照耀中国》被放在比较醒目的位置。

看得出这家书店是比较公允的书店，他们选择图书时并没有偏见，而是根据图书本身在历史上的影响力和文化内涵来选择。

这里居然还有季羡林先生的《牛棚杂忆》英文版。1995年，在考古学家王炳华先生的引荐下，我和一位同事步行来到北大，拜访季羡林先生，在他的书房里，我们像两个小学生，聆听了两个小时，听季老谈21世纪是东方的世纪，谈中国的教育应该恢复"乡土"教育，谈他的留学生涯等。

距离中国图书不远处，有几张藤椅，可以安静地坐下来，慢慢地阅读。往事如烟，记忆无痕，但它们都珍藏在人生书架的某个角落，有待翻阅。这些记忆和图书一样，虽然尘封在时间的阁楼中，但同样可以滋养和守持内心。

与书相伴，与爱相伴

书在那里，鲜花在那里，心境也在那里。

阳光、书廊、包装纸和地图，像达利的《时间》那样，构成了一道风景。

从书廊望下去，无意之中拍到了这样一张照片：一位背着双肩包的先生右手抱着几本书，正和一位女士分享另一本书。那位女士摊开书本，微笑着与他交流的神情，是那么投入。

感人的一瞬

　　我猜测他们可能是一对夫妻，或一对恋人；即使在无意之中的镜头里，也能够感受到他们的心灵靠得那么近。

　　其实人的一生，不就是一段长长的旅程吗？人生最重要的伴侣，就是从生命走向心灵，从心灵回归生活的旅伴。

　　那天正值伦敦少有的艳阳天，穿着长裙在书廊前驻足的身影，让人感受到书店外春夏交替的缤纷色彩，和缤纷的心情。

　　书的层次、光明和色彩，往往也映射在生命的层次、光明和色彩之中。我相信，爱书之人心中往往也充满了爱。

　　我相信许多读者和我们一样，不仅在寻找心仪的图书，也在寻找心中的最美书店。与此同时，我们、你们和他们，也成为了这家最美书店最美的风景。■

大英博物馆里的书店：
大隐隐于馆，藏在文物中的记忆

◎ 文 / 昭　觉

大英博物馆

当阅读《文物中的华夏历史》时，伴随着隐隐的伤痛，因为很多文物已流失，被收藏在大英博物馆之中。

今天我们就来逛一逛大英博物馆和博物馆里的书店。

英国伦敦的大英博物馆、美国纽约的大都会博物馆、法国巴黎的卢浮宫、俄罗斯艾尔米塔什博物馆均为世界顶级博物馆。如果逛遍这四大博物馆以及博物馆里的图书馆、书店，你就是已经走遍这个世界的一半——无论外在，还是内心。

大英博物馆的来历

1753年，英国收藏家汉斯·斯隆爵士去世前留下遗嘱，将他个人收藏的71000件个人藏品，包括大批植物标本及书籍、手稿等全部捐赠给国家。英国在此基础上，成立了大英博物馆（British Museum）。

1757年，英国国王乔治二世向博物馆捐献了英国君主"老王室图书馆"的藏书。1759年，大英博物馆正式向公众开放。1823年，英国国王乔治四世将他父亲的图书馆——国王图书馆，作为礼物捐赠给国家。

随着捐赠和收购的藏品不断增加，大英博物馆逐渐成为世界上藏品最多的综合性公共博物馆。

由于藏品太多，19世纪80年代，自然历史类的收藏品被转移到南肯辛顿区，成立了现在的自然历史博物馆。1900年，大英博物馆又将书籍、手稿等内容分出去，组建了著名的大英图书馆。

即便如此，大英博物馆目前的馆藏物品也有800多万件，涵盖了200多万年的人类历史，其中有2万多件是中国文物。

面向大众的百科全书式的展览，使大英博物馆逐渐成为开放精

博物馆的中国馆正在展出一幅珍贵的《葛稚川移居图》

神的代表和知识传播的重要场所，通过开放、交流和知识共享，达成不同文化的相互理解、不同时代的相互理解。

大量珍贵的藏品，也成为历史、地理、文化、哲学、民俗学、社会学、科学史、音乐、美术、服装、神秘学研究的重要宝库。

在过去的260多年里，这家博物馆接待了超过3.5亿的参观者。由于参观者人数众多，现在参观需要网上预约。

具有开放精神的大英博物馆，为许多专家、学者、著名的作家、思想家提供了较好的学习场所。

马克思的不朽之作《资本论》的许多资料就来自于大英博物馆，这里也是他写作这本巨著的主要场所。

为了预防火灾，大英博物馆内严禁使用蜡烛、油灯和煤气灯。因此直到19世纪晚期，这里仍然依赖于自然光照明，每逢冬季或大雾天，博物馆常常被迫提前闭馆。1879年，大英博物馆成为伦敦第一批使用电力照明的公共建筑之一。现在正常的参观时间是上午10点到下午5点，每逢周五，可以通过预约参观到晚上8点。

不过博物馆的大中庭（Great Court）、一楼书店和咖啡馆都是上午9点开放。因此，早点去，喝点东西，欣赏一下大中庭的雄伟空间和精美的雕塑，逛逛诱人的书店，何乐而不为呢。

大英博物馆书店：历史之环

博物馆的大中庭是一个巨大的圆形建筑，圆形建筑的内部是阅览大厅，大厅的墙外，是大英博物馆商店和书店。大英博物馆的书店位于中庭的右侧环廊，大约有两百平米。

大英博物馆是一座馆中有馆、厅中有厅的建筑。而大英博物馆的书店，是包罗万象的"书中博物馆"，相对独立。

大英博物馆书店外景

来自中国东北的石像守护神

用图书搭建的历史之环

与大英博物馆展品和展览相关的图书

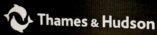

'Books create a world without walls and reveal the world of art to the curious'

Thames & Hudson

书创造了无墙的世界，揭示了一个充满好奇的艺术世界

大英博物馆的中国藏品介绍　　　　　　　　　　　　　　　关于古埃及的图书

　　大英博物馆书店最明显的标志是用图书搭建的"环"，你可以把它理解为"历史之环"，也可以理解为"视野之环"。

　　在它附近的书架旁边，有一张托马斯和哈德逊出版社的提示牌："书创造了无墙的世界，揭示了一个充满好奇的艺术世界。"

　　与大英博物馆展品和展览相关的图书是书店的重点。大隐隐于馆，藏在文物中的记忆，是探索人类文化和传承的密码。这类图书特别受读者欢迎，销量也相对稳定。

　　距离书店的不远处，是一对来自中国东北的巨大石像守护神。中国文物、中国参观者和中国捐赠者，是21世纪大英博物馆关注的重点。

　　2023年5月18日开始的《晚清百态》（*China's Hidden Century*）展览，据说筹备了5年，展期延续至2023年10月8日。这是全球首个真正意义上聚焦19世纪中国的大型特展。

关于希腊雕塑的介绍

　　大量中国参观者的到来，加快了东方对大英博物馆的认知，也促进了通过文物对历史的认知和探索。与中国文化和中国文物相关的图书，自然也成为大英博物馆书店的重点，被摆放在入门处比较醒目的位置。

　　这本2012年出版的《中国现代水墨画》，以黄永玉的猫头鹰为封面，以毕加索与张大千的艺术交流为参照，探索中国现代绘画与西方现代艺术的关系，介绍20 世纪和 21 世纪的中国水墨画和书法作品，"展示中国水墨画的美感和技巧"。书中精选了大英博物馆收藏的大量中国画，包括挂轴、手卷、大幅画作和册页，内容丰富，插图精美。作者克拉丽莎·冯·施佩（Clarissa von Spee）曾在2008年到2016年期间，担任敦大英国博物馆亚洲部中国和中亚藏品馆馆长，专门研究中国绘画和中亚古物。

　　大英博物馆的大多数文物都与艺术直接或间接相关，或者看上去与艺术毫无关联，但经过历史和时光的打磨，这些文物早

木头书屋的系列科普图书

已成为一种人类的艺术。关于古希腊、古罗马、中世纪、文艺复兴、启蒙运动时期的雕塑、壁画、油画、艺术家的图书，也就顺理成章成为大英博物馆书店中最多的内容，仅艺术史类读物就占了一整个书架。

大英博物馆藏品，从另一个侧面反映了人类科学史的发展历程，因此科普类图书也占据了一个书架。Wooden Books（木头书屋）出版的系列科普图书包括《逻辑，古老的理性艺术》《占卜，智慧的元素》《神圣的几何学》《道德规范：性格的艺术》《旋律节奏与和声：音乐的元素》《数字：超越无限》《自然的精神：奇异的知识和野性神奇的"妖精"》，等等。

《自然的精神》这本书很有意思：你能听到古老的树精智慧吗？你知道如何平息风暴和波浪的灵魂吗？你能看到树木、石头、河流和云朵难以捉摸的智慧灵魂巧妙地为世界注入魔力、奇迹和意义吗？

许多常识，并不是我们狭隘的、已经固化的常识；许多思想，虽然来自历史，但历久弥新。

比如这本弗兰克·麦克林（Frank McLynn）撰写的，关于马可·奥勒留（Marcus Aurelius）的传记著作《马可·奥勒留：勇士、哲学家和古罗马的皇帝》，就是一本生动而严谨的人物传记。马可·奥勒留在行军打仗、治理国家的空隙写下的《沉思录》，至今仍是政治家、企业家和思想者们必读的经典。

爱情见证历史，还是历史见证爱情？

爱情是人类历史上许多重要事件的推动者和见证者，爱情也是古典诗歌中无处不在的主题。大英博物馆为爱情专门开设了一个书架，包括《中国爱情诗》《日本的俳句》等。

大英博物馆的经典爱情诗、日本的俳句、中国爱情诗

书店就像一个环形走廊

　　在《经典爱情诗》中，你可以读到维吉尔、荷马、卡图卢斯、贺拉斯、萨福和奥维德等古典传统作家最好的短诗和节选，这本书与其他"经典爱情诗选"不同之处，在于它有大量博物馆的资料为其背书。在大英博物馆丰富的藏品中，仿佛你任选一个主题，都有无限的研究空间，在这里做研究工作，才能真正体会到什么是"学术研究的象牙塔"。

　　萨福是古希腊著名的女抒情诗人，也是西方文学史上目前已知最早的女诗人。她生活的时代，对应中国是春秋战国时期。那时中国的诗歌除了《诗经》，还有《楚辞》《离骚》等。那时楚国的一首民歌《越人歌》，与萨福的诗歌可以说是相互呼应，成为东方和西方著名的情诗。如果有人将四大文明古国同时代的情诗作一个比较研究，一定很有意义。

萨福的爱情诗歌中大胆的表达、充沛的情感，对后来西方文学影响非常深。试着读一首她的诗：

《没有用的》

没有用的

亲爱的妈妈

我不能做完我的纺织了

要怪你就怪阿弗洛狄特（爱神）吧

她是如此温柔

用爱让我窒息

——对那个男孩的爱

大英博物馆书店的阅读者

大英博物馆书店内景

提示牌上写着：每一个购买行为都是对大英博物馆的支持

许多参观者成为书店的客户

神话和传说中的心灵史

神话和传说，往往被视为人类远古的影像和源源不断的心灵史。

书店里不仅有《希腊神话旅游指南》和《古希腊古罗马神话经典故事》，还有一本《中国神话：众神传说指南》（*The Chinese Myths: A Guide to the Gods and Legends*），作者刘涛涛。

这本书是对复杂而迷人的中国神话世界的基本指南，它探索了中国神话对中国文化的意义。虽然全世界更多的人都已经知道了西游记和孙悟空，但许多"老外"并不了解来自道教、佛教、儒教和中国各地的原始宗教的丰富、精彩和神奇的中国神话。这些神话融入中国宗教和历史中，形成了中国人特有的文化和思维模式，包括中国人的宗教信仰，和源于历史的深刻的价值观。

《孙子兵法》的旁边，是柯林·图布恩（Colin Thubron）的《丝绸之路》。他是英国旅行作家和小说家，2008年被《泰晤士报》评为战后英国最伟大的50位作家之一，他的书已被翻译成二十多种语言。作者用八个月的时间，乘坐各种交通工具，甚至骑着驴和骆驼，沿着丝绸之路从中国进入中亚山区，穿过阿富汗北部和伊朗平原进入土耳其，追溯古代丝绸之路的贸易、思想、宗教和文明。

书店里有大英博物馆参观的中文指南

买者皆为识货人：有价值的图书和藏品

大英博物馆书店的内部空间很大，但整个书店中，只看见一位工作人员在忙碌，收银、补货，还要负责将读者选出来没有购买的图书放回原处，并要不时解答读者的疑问。

大英博物馆的许多参观者成为书店的客户，博物馆内优越的安保和其他配套措施，减少了书店的管理工作，使他们的员工能够把更多的精力投入书店的主营业务中来。

参观大英博物馆不需要门票，只需要预约。因此，大英博物馆的收入，大多数来自捐赠、书店，以及纪念品商店、网店的收入。这里大量的图书都是大英博物馆与出版商合作定制的书籍，这也为大英博物馆带来一部分版税和利润，或在销售时获得更高的折扣利润。

书店的多个提示牌上写着：每一个购买行为都是对大英博物馆的支持。大多数顾客都是远道而来的"识货人"，或抱着对大英博物馆的敬意，来这里淘选图书，因此不需要介绍，他们自会找到喜爱的图书或纪念品。

大英博物馆的帆布包3.75英镑一个，笔者当年参观时约合人民币30多元。定制的金属书签精致而富有魅力，要贵得多，大约13英镑一枚，相当于人民币110元左右。书店里有大英博物馆中英文参观指南，这份指南的资料，比大英博物馆大堂服务台免费的资料要详尽。

和另一面的纪念品商店不同，书店只销售与图书相关的文化用品和礼品。比如灵感来自古代的钢笔：羽毛笔和钢笔墨水瓶套装，和金属书签的价格差不多，标价13.99英镑。它的旁边有一句意大利语：没有哪位书写的人，会用他的笔墨污染河流，也不会用他的笔墨污染空气。

这可能是一种美好的愿望吧。无论在古代还是现代社会，语言、思想和文字，总是有高低之分、优劣之分，而在现代社会，即使不再仅以印刷品的形式存在，那些污染眼睛的垃圾文字，也绝对不在少数。

好在大英博物馆和大英博物馆书店，为这个世界发现、存留了许多真正有价值的藏品和图书——无论它们的来历如何。■

与书店相邻的是大英博物馆纪念品店

探访欧洲议会所在地的克莱贝尔书店

◎ 文/朱　瑾

　　世界上总有几个地方让我们想找理由重游，位于法国东北部的城市斯特拉斯堡就是其中之一，不仅因为它风景如画，更因为它与布鲁塞尔齐名。

　　坐落在斯特拉斯堡历史中心区大岛（La Grande Ile）上的圣母大教堂，是除了巴黎圣母院外法国第二大被游客频繁光顾的教堂，文豪雨果曾赞美它是"巨大与精致的完美组合"。142米高耸的尖塔、正面大门上的镂雕，以及教堂内的天文钟吸引世界各地的游客慕名而来。

　　美轮美奂的斯特拉斯堡位于阿尔萨斯地区，与德国接壤，特殊的地理位置造就了它特殊的历史。在长达两千多年的时光中，每一个阶段，包括古罗马时期、中世纪和文艺复兴时期都在斯特拉斯堡留下了文化和建筑上独一无二的痕迹。1681年，其归属法国。从1870年普法战争起，其几度被德国占领，二战后才重归法国，这座

圣母大教堂

伊尔河上的欧洲区

克莱贝尔广场上的雕像

饱经战乱的城市最终成为法、德两国和解的象征。同时它融合了法、德两国丰富的文化。自1949年起，欧盟在这里设立了欧洲理事会、欧洲议会等多个机构的总部，让城市化身为欧盟的心脏。

坐落在大岛上的克莱贝尔广场（Place Kléber），是斯特拉斯堡的又一道风景，也是整座城市的商业和艺术中心。广场上竖立着让－巴蒂斯特·克莱贝尔将军的雕像，这位出生于斯特拉斯堡的将军曾跟随拿破仑远征埃及，战功显赫。斯特拉斯堡最大的一家综合性书店也在这个偌大的中世纪广场上。

克莱贝尔书店（Librairie Kléber）位于克莱贝尔广场一角、弗朗克－布尔热瓦街1号上（1 Rue de Francs-Bourgeois）。它隶属著名的伽利玛（Gallimard）出版集团，特色是图书品种全、多、广，在975平方米的面积里收藏了一百万本书籍。

克莱贝尔书店

书店一楼大厅

书店共有三个楼层。店门口并排着三扇拱形门，左边的一扇用作橱窗，在欧盟的蓝底星环旗旁装点着各种有关该组织的书籍，鼓励读者"阅读欧洲"。中间的大门就是书店的入口。走进店内，映入眼帘的前厅被分割成了上、下两部分，和视觉平视的下半部分有两个呈半圆形排列的木制书橱，里面分别陈列着有关动、植物的书籍，书橱旁贴着相应的图谱，形象生动。抬头向上望，只见前厅的上半部分罗列着文学名家的经典之作，清一色的精装本，虽居高临下却不显高冷，白色的灯光照射在黄色的书橱上，柔和中透着华美。

往里走来到宽敞的中厅，它的四周布满了"顶天立地"的书橱，中间是收银台和低柜，厨艺类书籍和侦探小说位居书橱的醒目位置，毕竟这些书最有卖点。书店为素食主义者、清淡饮食者和巧克力嗜好者设置了专柜。要知道，阿尔萨斯地区的美食在林林总总的法式佳肴里也是出类拔萃的，比如脍炙人口的腌酸菜配土豆猪肉（Choucroute），而当地特产的白葡萄酒在法国不胜枚举的葡萄酒里独树一帜。所以，书店力推美食类书籍也在情理之中，其中还包括世界各地的特色厨艺类书，种类齐全。

继续朝里走，全球各大洲的文学类书籍粉墨登场，但见一片文学的汪洋大海，数量之多令人目不暇接，几乎每个大洲都有专柜，尤以英国、俄罗斯、意大利和希腊等国的文学为主。

在两排标有"亚洲书籍"的书橱里，整齐地摆放着中、日等国的小说，包括经典与现代作品，中国作家从施耐庵到老舍、郁达夫再到莫言、王安忆和迟子建等，其代表作都云集在了一起，还不忘古龙的武侠小说！国内有热播剧《我的阿勒泰》，书店就有作家李娟法语版的自传体小说集，直译为《在阿勒泰的天空下》（*Sous le Ciel d'Altaï*），可见书店信息之灵通。这得益于为书店选书的书商们具备的超前意识，他们推荐的新书往往先于媒体的宣传。中国读者登陆书店的网站，还会发现除了这些法语版的中国文学著作外，也能找到原汁原味的中文版本，只要输入书名的拼音字母即可。查找其他国家的原版小说也可以依法炮制，这还不包括语言教科书类图书。难怪网友盛赞，书店将经典与现代、法语与外语图书一网打尽。

法国本土作家的文学作品也铺天盖地占据了半壁江山。作为世界上获得诺贝尔文学奖人数最多的国家，它有这份底气与豪气。

在文学类书籍之后又有一个宽敞明亮的大厅，诗集与舞台

一楼内外国文学区块里目不暇接的书籍

剧本气定神闲地站立其中，它们虽属小众书籍，但在书店里仍有一席之地。店家在书桌的一侧贴了一张黑底红头海报，上面写着"l'écrivain fait les pieds et les mains pour écrire"，意思是作者竭尽全力地写作。可见在法国，大家对作家十分尊重。一个穿深色T恤衫的年轻人蹲在诗集前专注地阅读心仪的诗，有诗为伴，夫复何求？

沿着木制楼梯拾级而上来到二楼，这里是动漫、科幻及儿童读物的天地。扶梯踢面上书写的分类标题和楼层间的装饰画无不提示着楼内的书籍主题。

除了按年龄段分类的儿童读物外，书店还另辟蹊径，引入了分析儿童心理的书籍，这类图书是家长陪伴孩子成长时的良师益友。此外，也有针对成年人的心理分析专著，伴随着大量的动

扶梯踢面上的分类标题　　　楼层间的装饰画

漫画册，很吸人眼球。当家长们斯斯文文地站在书柜前选书的时候，孩子们则就地取书，毫无顾忌地半坐半躺在地板上，尽情享受图画与文字带给他们的乐趣。

　　书店三楼一隅有一个大厅，白顶、白墙、白柱，故得名白厅（Salle Blanche）。这个占地面积160平方米的空间，原是一个可以跳芭蕾舞的舞厅，书店开业后改作演讲厅，可以举办各类活动。除了作者签名售书外，书店还组织围绕出版物和社会关注热点的各类讲座，邀请的嘉宾来自各行各业，包括作家、社会学家、音乐家、演员、知名博主、插图画家甚至餐馆大厨，故而每年除了六月和十二月外，白厅里几乎每天都有活动，这也是书店提升人气的方式之一。白厅的隔音效果特别好，在一楼和二楼乃至三楼都听不到声响，只有进入白厅才能听清。与会者专注的样子让人忍不住驻足观望。在没有讲座时，读者可以拿起一本书，惬意地坐在白厅的椅子上安安静静地阅读。

读者不禁要问，芭蕾舞厅怎么会和书店扯上关系的？这就不得不提一下书店的历史了。20世纪50年代，书店所在的位置是一个名叫"Pic Pic"的大型餐馆，经营咖啡、快餐和传统餐饮业务，三楼的餐厅可以即兴改作舞厅，只要把餐桌推到墙边就行了。1962年，一对书商夫妇在旧址上建起了书店，为了纪念原来的餐馆，将白厅的六扇落地窗分别挂上"Pic Pic"的字母，每个字母里都嵌上一盏盏灯，发出霓虹光彩。白厅改作演讲厅后，为提高隔音和音响效果，厅内的装潢也被用心改造过。如今，厅里至少能安放80个读者席位。只见一盏盏纸糊灯笼高挂在墙上，在红色地毡的衬托下显得格外喜庆。

2024年6月，斯特拉斯堡举行了为期两天的全法书店从业人员的聚会，共有来自700家书店的1200名人士参加。该活动每两

孩童的世界

年举办一次，旨在加强专业人士间的交流，并提高政府部门对书店的认知度。与会者认为近五年来在法国虽然新增了600家书店，但不能无视其间存在的问题，包括通货膨胀致使读者的购买力下降；书店从业人员大多是高学历者，他们干的是繁重的脑力与体力劳动，拿的却是微薄的薪水。他们还提出，书店与出版社之间应该相互协调防止过度出书，还讨论了两者之间的利益分配比例等。 法国文化部长亲临现场，为开幕式揭幕。白厅也义不容辞地承担起接待宾客与展览书籍的任务。

走出白厅，穿过方形走廊，眼前又是整排整排的书籍，分列在各个主题展厅内，包括历史与地理、医学与养生、法律与经济、电影与艺术等，其中法律书籍占据了多个书橱，除了民法、刑法、税法和劳动法外，还包括欧盟的基本法。书店紧邻城市的欧洲区，自然要彰显一下全欧洲的战略眼光，表现其特有的广度与深度。读者在这个区域一站就是半个小时——法律条文哪有那

定期举办讲座的白厅

么容易读懂的!

在养生类区块里,除了介绍自然植物疗法和欧洲曾经盛行的顺势疗法外,在"按摩"一栏里还有介绍中国推拿及穴位疗法的书。

笔者忍不住问店员:"书店地处城市的黄金地段,租金一定很贵吧?怎么达到收支平衡的?"对方的回答令人又惊又喜:"很低,因为书店得到了市政府的扶持。" 他又不无自豪地补充道:"我们书店

"按摩"一栏里的中国推拿书

还为读者提供优惠卡,在整座城市里我们是唯一一家还在这么做的书店,别家都不办卡了,因为这样一来,明显增加了收银台的工作量,更何况,书店的盈利本来就不多,再要让利给老读者就更难了,但我们坚持了下来!"薄利多销、以读者为本的经营之道,是需要实力、魄力和远见的。

如果在逛完了综合书店后,读者还有体力和精力,不妨去书店对面的黎明宫(L'Aubette)看看,那里有一家名为全球书店(Librairie du Monde Entier)的小型书店,建于2008年,主营非法语类外国语教材、字典和世界各地的原版小说、散文、诗集等。

这一大一小两家书店,不仅为古老的广场输入了浓浓的文学气息,还体现了斯特拉斯堡这座昔日战火纷飞、今日和平联盟的城市所具有的阅读欧洲、放眼世界的胸怀。这就是书店的魅力。■

南法书村里纵横交错的书店

◎ 文/朱 瑾

法国南部不仅有一片片散发着独特芳香的薰衣草花田，有令人心驰神往的蓝色海岸，还有一个书村，村里只住着850口人，却坐拥14家书店，为绚丽浪漫的南法平添了浓浓的书卷气。

书村属于奥德省（l'Aude），距离著名的卡拉卡松城堡（Cité de Carcassonne，建于中世纪）仅20分钟的车程。书村原是一个坐落在黑山（Montagne Noire，位于中央高原的最南端）上的小镇，名叫蒙托略（Montolieu），原名橄榄山（Mont d'olives），顾名思义，这个小山村在中世纪曾经漫山遍野地长满了橄榄树。如今，它又有了一个更响亮、更为人知的名字——书村（Village du Livre），因为在村里密密麻麻地布满了书店，每家书店都建造在一个有故事的老房子里，一砖一瓦充满了年代感，很是赏心悦目。据当地旅游接待处的人介绍，光是逛书店，游客就可以花上三天的时间。

尽管小村的四周层峦叠嶂、草地葳蕤，但中心区域更像一条条曲径通幽的步行街。游客不用担心和任何一家书店失之交臂，因为所有的书店都分布在村内标志性建筑物圣-安德烈教堂附近和村政府所在的街上，更何况，随处可见的路标引领读者徜徉在阡陌纵横的小径上，随时可以邂逅千姿百态的书店。而在星罗棋布的书店周围，这些小径已然成了书集间的走廊。

小镇故事多

在成为书村之前，蒙托略有过悠久的历史和繁荣的经济，时至今日，村里保存完好的古建筑仍向人们讲述着史前和罗马高卢时代的历史。18世纪中期，小镇的人口数一度接近1800，这得归功于1734年路易十五亲笔签发的特许证，使当地的家庭纺织作坊

书籍工艺博物馆

发展为皇家工场（Manufacture Royale），其生产的织物以精美闻名，还曾出口到中国。19世纪初，工场关闭，逐步改建成为现在的旅馆。1990年，在卡拉卡松城市里从事精装书装订业的米歇尔·布海庞先生，想要建立一个书籍工艺学院，希望大众了解传统的手工印刷与装帧技术，使它们不至于被后世遗忘。凭借他的私人收藏和各方捐赠，一家同名博物馆于1991年落成并对外开放，馆里陈列着19和20世纪的各种印刷与装订的机器。

与此同时，旧书商们开始在村里"安营扎寨"。20年后，艺术家们也在村里安家落户，为书村吹进了一股原创艺术之风。文学与艺术的完美结合，带动了书村包括餐饮和住宿在内的旅游业的发展，小村每年都举办与书籍相关的大型活动，包括复活节三日"古籍与旧书"沙龙等，这些都使书村生机盎然，重放异彩。

博物馆里收藏的印刷和装订机器

读到这里，读者一定按耐不住想一睹它的芳容了吧？笔者这就带您进村了！

书是自由的工具

书籍工艺博物馆的窗台上放着一本石刻的书籍，翻开的书页上赫然写着法国作家兼文学评论家让·盖埃诺（Jean Guéhenno）的名言：书是自由的工具。书村里的每一家书店都是这一工具的载体。

书村内的书店出售的大多是旧书，一般在每周三至周日开放，周一和周二关门，但仍有一半的店会继续营业。笔者周六前往，对每家书店都作了一番浏览，旨在向读者呈现出书村内书店丰富多彩的全貌。果然不虚此行，每家书店都有它的特色，就看读者的偏爱和选择了。比如，想要翻阅法国经典小说、诗集和宗教读物同时观赏古色古香的装饰，可以去书之家书店（La Maison-Livre）。书店左上方的装饰颇具法式创意，店家模仿羊肉串的造型，别具一格地用细棒将书一本本串起来。它是书村的招牌之一。

想了解法国中世纪建筑的读者，可以去坐落在圣-安德烈教堂下的翠鸟书店（Librairie Alcyon）一饱眼福。教堂建于1393年，而这家书店的前身在二战时期是一家咖啡馆，之后几经易主。2000年，现店主接手后在原建筑上加了一层阁楼，建成了现在的两层楼书店，面积虽不大，藏书却过万。

喜欢英语读物的读者，可以去逛逛阿贝拉尔书店（Librairie Abélard）。一楼主打包装精美的古籍，二楼铺天盖地又井然有序地摆满了各种英文旧书，有英国前首相丘吉尔写的精装版回忆

书之家书店

翠鸟书店

童话和涂鸦书店

录，一共八本，只能整套购买，共90欧元；有性价比很高的法国名著的英文版，比如大仲马的《基督山伯爵》以5欧元/本出售，波伏娃的作品3欧元/本；还有滚石乐队（The Rolling Stones）的海报和唱片，以及与古典音乐相关的书籍，乐迷们绝不可错过；当然，英语经典小说是怎么也不能绕开的一块天地，除了莎士比亚全套作品外，还可以找到阿加莎·克里斯蒂的原汁原味的侦探小说，让喜爱大侦探波罗的读者过足了瘾；此外还有诗歌、地理、旅游等方面的英文书籍，读者仿佛嗅到了泰晤士河的气息。能在法国觅到如此齐全的英语书籍，主要得益于店主的特殊身份，他是来书村定居的荷兰书商，精通英语。书店上方可爱的秃顶书商手捧一大堆书籍的招牌是书村的又一张可爱的名片。

下面要介绍的这家名为童话和涂鸦的书店（Contes & Gribouilles!）是书村里唯——处出售新书的地方。书店外墙上

阿贝拉尔书店和书店上方的卡通标记

童话和涂鸦书店里的中国新年主题展

的蓝底白字诙谐地道出了目标客户——从0到99岁的"孩子"。这是一家主打儿童书籍兼顾部分成人读物的书店。

走进大厅，中央位置摆放的中国新年主题展台格外醒目。虽说农历新春已经过了两个多月，但促销活动仍在进行中——买两本书就可获得一幅挂在墙上的龙年印刷品。店员说这个活动颇受读者的欢迎，买书的人还真不少。笔者凑上去仔细翻阅，发现除了少数几本日本的儿童书籍及当代小说家井上靖的小说集《楼兰》外，有关中国的书覆盖了整个展台，历史类书籍有《成吉思汗》《故宫》等，文学作品选取了不少现代优秀作家的代表作，如迟子建的《晚安玫瑰》和《群山之巅》，阎连科的《日光流年》等，均由一个叫皮基埃（Picquier）的出版社提供，该社和书店长期合作，定期向书店输送新书。

除了这个中国新年的展台外，宽敞的书店有很多围绕儿童设置的趣味书屋，涉及多个领域，婴幼儿区以图片、图册为主；学龄前儿童区，以漫画居多，笔者找到了一本法语版的《中国民族故事》，可见书店对儿童书籍的遴选范围之广。和大多数综合书店不同的是，书店的儿童书除了以年龄分类外，还模仿成人读物，以书籍的内容来划分。比如自然科普区细分为森林与山脉的由来，熊、驼鹿、狼的故事，以及天空和风的形成等；个人成长区有关于感情、友谊及兄弟姐妹的读物，教会小朋友们如何与他人相处；书店还为他们

法语版的《中国民族故事》

儿童书籍

合并后的工场与折衷主义书店

开辟了制作简单美味糕点的书籍专栏，整个书店充当着儿童百科全书的角色。据店员介绍，书店以儿童为核心，依靠黑山的地理环境，每年组织多种活动，带领小朋友们漫步山间，在亲近大自然的同时做各种游戏，让他们学习基本常识，寓教于乐。

大型综合书店

别以为书村内多是小家碧玉型的书店，大气磅礴的二手书店粉墨登场了！这是一家三层楼的建筑，自2015年起由两家书店合并共享，成为了一家名副其实的大型综合性书店，藏书两万多本。两家书店分别为折衷主义书店画廊（Eclectic Librairie-Galerie）和工场书店（La Manufacture，旨在纪念曾经的皇家工场）。

书店一楼出售的美术、摄影、漫画等旧书籍及张贴画，使宽敞明亮的大厅充满了艺术气息。

二楼乍一看，和传统的书店并无差异，四个大厅里分别展示诗集、文学、历史类书籍，以及侦探小说、厨艺类等干净整洁、保存完好的旧书。但细看还是与众不同的，店家可能认为读者都是深谙书籍之人，所以各个大厅里没有太多的分类标识，但这丝毫没

宽敞的一楼大厅

螺线型的木制楼梯和墙上张贴的现代艺术画

二楼的八千多本藏书，挤在书橱筑成的墙上

现代雕塑"起飞"

有影响读者查询和阅读的兴致，反而给人一种简约的感觉。8000多本藏书挤在书橱筑成的墙上。店家在每个大厅里都贴心地放置一把椅子，供顾客舒适地品味旧书的魅力。

在亚洲小说区，笔者找到了巴金的名著《家》和《憩园》的法语版，如获至宝。要知道，和任何物件一样，书与人也是讲究缘分的，想到此，毫不犹豫地统统买下。

三楼是哲学、科学、人文、宗教、旅游、自然等主题书籍的天地。所藏旧书之丰富不逊于出售新书的书店，包括弗洛伊德和达尔文的著作。

书村里有一个叫起飞（l'Envol）的现代雕塑，用来纪念书村的发起人米歇尔·布海庞先生，也是对书的礼赞。雕塑的铁制书本上刻着法国诗人、诺贝尔文学奖得主圣－琼·佩斯（Saint-John Perse）的代表作《鸟》的诗句。纷飞的书页犹如小鸟的翅膀，让读者在知识的天空中展翅翱翔。■

袖珍国里的庞大书店
——卢森堡恩斯特家族书店

◎ 文/朱　瑾

卢森堡大公国位于欧洲西北部，东邻德国，南毗法国，西部和北部与比利时接壤。卢森堡国很小，面积为2586.3平方公里，不到上海市的一半，64.5万的人口里近一半是外籍人士，这使它成为欧洲文化交融之地。卢森堡的官方语言为法语、德语和卢森堡语，其中尤以法语的使用最为广泛。卢森堡国虽小但很富有，人均国内生产总值连续多年排名世界前三，凭借良好的国际信用评级（ＡＡＡ），从20世纪90年代起开始吸引欧盟内其他成员国的投资，金融业是该国的经济三大支柱之一。卢森堡的首都是卢森堡市，它是欧盟议会秘书处的所在地，也曾是欧盟第一大金融中心，故又有金融之都之称。

卢森堡市是国际都市，市内风景如画、郁

郁葱葱，这得益于大公国的森林面积占了整个国土面积的三分之一。既传统又创新的城市，处处体现着古典美与时尚感。

卢森堡人很注重环保，首都市内所有的公共交通包括公共汽车、有轨电车和火车向所有人免费开放，旨在鼓励人们环保出行，少用私家车。卢森堡人爱护和支持包括书店在内的本土企业，所以像恩斯特书店（Ernster）这样的家族企业能在这片土地上立足近一个半世纪，且日益壮大。从建立在市中心的第一家书店发展到今天拥有九家美轮美奂的大型书店的企业，书店的创业史已然成了一个传奇故事。

恩斯特书店创建于1889年，第一家书店取名为城市书店

建于17世纪，被誉为"欧洲最美露台"的卢森堡风景走廊（Chemin de la Corniche）

欧盟议会秘书处旧址

（Ernster Ville）实在是名副其实，它位于市中心的黄金地段，距离地标之一的圣母教堂（Cathédrale Notre-Dame）仅一步之遥。城市书店由皮埃尔·恩斯特先生一手创立，这位店主曾是位擅长编写教材的老师，之后与人合著书籍，后来成了编辑，总想求变的他最终决定开设一家综合性书店，这家百年老店至今仍屹立在地堑街27号上（27 Rue du Fossé）。

城中百年老店

这家见证了135年岁月沧桑的老店，在原址上不断扩大，发展至今涵盖了整幢大楼，包括地上三层和地下两层共五个楼面，楼层间都由简约美观的弧线形楼梯连接。每个楼层的醒目位置上都有一块红色立柱，上面标注着每层楼展示的书籍类型，让读者一

宪法广场上的战争纪念碑和象征胜利的金色雕像

恩斯特城市店

目了然。

    作为一家大型综合性书店，城市书店从儿童读物到学生教材（老本行不能丢弃了），从小说、艺术到人文、社科，以及旅游、漫画等书籍，一应俱全。书店的文具礼品袋被别具一格地挂在了楼梯走廊间。店员们有问必答、热情周到的服务给笔者留下了深刻的印象。

    为了更好地吸引读者，书店规定在任何一家恩斯特店里购物后均可免费办理一张客户卡，读者在年底根据积分可获得各种价值不等的书券，用来购买书籍。一般至少可以享受3%的折扣。

    与城市店一墙之隔的恩斯特文具店（Ernster Papeterie）位于地堑街21号（21 Rue du Fossé），出售的办公用品包罗万象，两层楼的空间还陈列着各种时尚的名牌文具和箱包。

书店二楼的文艺书琳琅满目

美丽星星分店——家族书店中面积最大的店

到了20世纪20年代，恩斯特先生的儿子费迪南接手了家族书店，1939年费迪南去世后他的太太克莱尔掌管书店，在第二次世界大战的风雨飘摇中勉强经营。1958年费迪南夫妇的儿子皮特买下了兄妹的股份，成为书店的总裁。1983年皮特的儿子、24岁的费尔南进入家族企业，在名为"美丽星星"（la Belle Étoile）的商业中心内建立了一家恩斯特美丽星星分店。一千多平方米的面积让它成为所有家族书店中面积最大的一家综合书店。

现任总裁费尔南先生致力于多样化经营，并逐渐引入信息化管理系统，包括信息化库存管理、网站和线上购书等。之后，家族书店继续开疆拓土，在两个商业中心内分别开设了恩斯特协和

宽敞的书店中央模仿路标设立的指示牌

可爱的小女孩雕像

书店设有眼镜专柜，实用又多元化的经营模式

书店为儿童专辟的一大片天地

城市（Ernster City Concorde）和恩斯特巴沙拉日（Ernster Bascharage）两家分店。因为与大型超市为邻，书店在选书上也花了一番心思，与综合性书店不同，除了教材这个传统的基础领域外，店里陈列的大多是儿童读物、畅销小说，以及十分应景的烹饪类书籍。笔者在恩斯特的多家书店内与小女孩雕像不期而遇，可爱俏皮的形象不但与儿童书籍的定位很匹配，也暗示着书店的起源——教材类书籍，塑料盘里往往是打折的童书，可谓一举多得。

全英文书店——我们可以带您去看世界

建于2015年的全英文书店（All English Bookstore）与市内著名地标大公府（Palais Grand-ducal）比肩而立。建立这家分店的原因很简单——其他分店已放不下英语书了，干脆单独开一家专卖店吧！其实这也是书店的一次大胆、冒险的选择。要知

乳白色外墙的全英文书店（图右）与著名地标大公府（图中）比肩而立

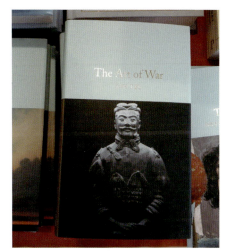

哲学圆桌上的《孙子兵法》

道，之前在卢森堡市内有过四家英语书店，无一幸免地统统倒闭了，这是第五家。笔者不禁好奇地询问店员："你们这家店为何能生存下来呢？""因为我们所处的地段是独一无二的，自然无可替代喽！"能有这份豪情就很难得。不得不承认，以恩斯特书店为坐标就可以游遍卢森堡市！

书店的面积也就100平方米，却放出豪言："我们可以带您去看世界。"店里的分类标记都是用英语书写，所售书籍包括儿童与青少年读物、经典与畅销英语小说、历史与诗歌等，中间圆桌上主推的是哲学类书籍，其中的醒目位置上摆放着《孙子兵法》，店员说这本从英国购入的书卖得很好。

豪华的金铃书店

自2018年起，费尔南的次子保罗进入家族书店，负责多个项目的推广与发展。家族企业的业绩蒸蒸日上，书店在市镇埃特尔布吕克建立了又一家分店。2019年，家族书店在新城区的心脏之地金铃商场（La Cloche d'or）开设了第二大分店恩斯特金铃店（Ernster Cloche d'or），占地面积为950平方米。

书店坐落在商场二楼，店内明亮宽敞，硕大的吊灯照耀下的书店气势如虹，耀眼的灯光也让整个书店一览无遗。店里精挑细选了数千种法、英、德、卢森堡语四种语言的书籍，以满足不同

位于金铃商业中心的书店入口

客服一角——预定书籍领取处

母语读者的需求。历史类书橱里，有关一战、二战的书籍比比皆是，它们在讲述战争的同时促进人们进行反思；也有不少探讨欧洲当前局势的书籍，所涉及的内容很前卫，还包括疫苗的由来与推广。作为一家综合性大型书店，经典和畅销小说、漫画和文化用品也是不可或缺的部分。

往里走，穿过拱形门就是多彩的儿童世界。儿童读物按年龄细分，玩具和文具也很出彩。在一个墙角处，含蓄地写着预定书籍领取处，这是书店为方便读者的又一项举措。

书店在左侧靠窗处专设了一个咖啡厅，柔和的黄色玻璃灯盏和白色柜子上的花卉给人以安宁与舒适的感觉，天花板上一条条白色S形灯饰如同一个个跳动的音符，奏响出书籍与咖啡相互碰撞的乐章。白色灯饰在大厅里随处可见，彰显出书店独特的气质——文字与艺术完美结合的灵气。落地的大玻璃窗带来了视觉

书店内时尚的咖啡厅

上独一无二的享受。咖啡厅里还出售各种冷热饮料及甜品小吃，无论是朋友相聚还是独自小酌，这里都是绝佳之地。

　　笔者在探访书店的过程中还注意到一个细节，即在恩斯特的每一家书店内都摆放着一个大象雕塑，卢森堡国徽上的动物可是狮子啊，怎么会出现大象的摆件呢？原来书店与泰国的一个动物保护组织合作，旨在增强人们对野生动物尤其是大象的保护意识。书店积极推进公益事业的恒心可见一斑。

　　最近几年，恩斯特书店又在市镇梅尔施的黄玉购物中心（Topaze Shopping Center）开设了第九家分店。至今，庞大的家族书店共有一百多名员工，每年的销售额高达两千万欧元。相信经历了四代人的家族企业，在未来会走得更远，将分店开遍全球。■

积极参与公益事业

幸存者——
米兰大教堂后的马拉瓦西书店

◎ 文 / 昭　觉

　　书店的创始人，是二战期间米兰空袭的幸存者；现在的书店，是数字化时代，大教堂区域古籍书店的幸存者。

寻访和叩门：意大利最好的古籍书店

　　米兰大教堂后面，百米之内有一家古籍书店，这是意大利最好的古籍书店之一，也是全欧洲最重要的古籍书店之一。

　　在整个米兰市，许多古籍书店都消失了，只剩下了7家，教堂周边区域则仅存这一家了。

　　跟着导航，我们走过好几条街道，来到这家书店。但见大门紧闭，书店里静悄悄的。看看时间，还不到下午4点，难道这么早就关门了？

　　试着按了按门铃，没有动静。

不甘心，再次按了按门铃。

这时，深邃的古籍书店尽头，一张古旧的书桌后面，站起来一位挂着眼镜戴着口罩的老人，仿佛从《荷马史诗》或者但丁《神曲》中走出来的智者。

他就是老板毛里齐奥·马拉瓦西（Maurizio Malavasi），马拉瓦西书店的第二代传人。

知道我们来自遥远的东方，毛里齐奥先生热情地将我们迎了进去，欢迎我们翻阅书架上的图书，并向我们仔细介绍这家书店的情况。

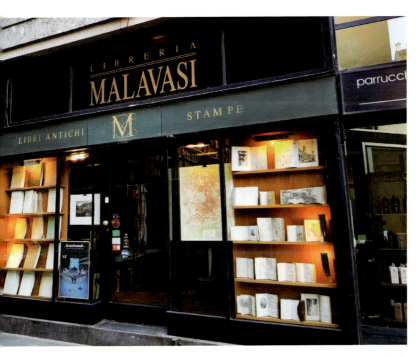

马拉瓦西书店位于米兰大教堂后面的拉构·舒斯特（Largo Schuster）街道

马拉瓦西书店的第二代传人

在书店的陈列区，翻开这些古旧书籍，你可以发现许多惊喜

反思和重生：见证历史82年

书店由他的父亲帕瑞德·马拉瓦西（Paride Malavasi）在1933年创立。1940年这家书店在米兰正式开业，并取名为马拉瓦西书店（Libreria Malavasi）。

其后的82年中，马拉瓦西书店见证了二战时期美军对米兰的大轰炸；见证了战后意大利经济、社会秩序和文化的恢复；见证了通货膨胀，也见证了意大利加入欧共体；见证了米兰从20世纪的工业城市，逐渐转化为21世纪的时尚之都；见证了疫情大流行，也见证了中国对意大利的援助。

虽然在整个二战期间，意大利的文物保护和平民保护做得较好，但意大利在二战时期的错误，也让米兰付出了沉重的代价。1943、1944年，美军多次轰炸北方城市，米兰遭受了巨大的损失。其中一次面向平民区的轰炸，直接造成米兰一所学校184名儿童丧生。

"反思"和"重生"，一直是米兰大半个世纪以来重要的精神力量。这家书店，也成为作家、教师和专业人士"反思"和"重生"的聚会场所。

进入21世纪，这种二战之后经济和文化的"反思"和"重生"，又遇到了数字化时代的挑战。

毛里齐奥先生说，随着互联网时代来临，米兰的古籍书店大多已经消失，从40家逐渐减少到11家。大教堂附近的区域，20年前还有7家，现在仅存马拉瓦西书店一家。

筛选和整理古旧图书是一项非常繁重的工作　　在古旧图书中，每天都有新的发现

定位与传承：家族书店的深挖和扩张

这种幸存的能力，来自马拉瓦西书店的转型。

早在20世纪70年代，在保留古籍书店风格的同时，这家书店就已经精准定位于科学、建筑、艺术、意大利当地历史类书籍，以及19世纪和20世纪的绝版书籍，包括古版书的收藏。

1975年，创始人帕瑞德·马拉瓦西去世，书店由大儿子毛里齐奥（Maurizio）、小儿子塞尔吉奥（Sergio）、女儿桑德拉（Sandra）共同管理。

从20世纪70年代后半期开始，他们逐渐扩大了16至18世纪古书领域的收藏。现在，这些图书已经成为书店最重要的业务组成部分。

"我的父亲曾经告诉我们：这些书架上的书，表面上看上去只是一些纸。但书存在于历史之中，书记录了历史，书也是历史的一部分。"

"和冷冰冰的数字书籍不一样，通过这些纸质书，你可以看见几个世纪后，依然精美的包装，可以感受到书页的痕迹，可以触摸到它的纸张，可以闻到它的味道，可以在翻阅时听见书页的响声，就像转移到了另一个时空，或许还可以看见历史的瞬间。" 毛里齐奥先生指着一排排的古籍对我们说。

这里的书架有11层，大约有5米多高，从地面一直排到屋顶，高层的古书必须通过可以伸缩的专用长梯才能够得着。

目前，马拉瓦西书店是意大利最好的古籍书店之一，也是全欧洲最重要的古籍书店之一。它所陈列的15世纪末至17世纪末出版的稀有、珍贵、收藏版图书，在整个意大利首屈一指。

书店五米多高的专用长梯

书店珍藏的许多图书，在意大利首屈一指　　米兰地方史料

数字化转型：坐在故纸堆上的商业创新

现在，马拉瓦西书店正在将这些历史的"故纸堆"变成数据。"未来是数字的时代，一切属于数据，但书让历史长久，书也让人的精神长久。"

自20世纪80年代中期以来，这家书店率先在意大利建立起了图书的电子档案馆，整理了书店的书目，还提供其他古董书店目录中最好的图书，供市场选择。

从20世纪80年代后半期开始，马拉瓦西书店印制了纸质的报价目录，这些目录根据主题分门别类，起初每年发行一次，现在每年发行三次，详细介绍每本书的书名、作者、介绍、出版商、品相等。

1996年起，马拉瓦西书店再次开始了大规模的古籍图书互联网整理。他们联合其他六家书商，开设了马雷马格纳网站（www.maremagnum.com），在网上寻找和出售"古代的、现代的、无法获得的和新奇的书籍"。

网站的图标是一个站在古旧图书上、手握轮舵航海的巨人，巨人的眼前是信号的桅杆和数字屏幕的风帆。这个设计，恰如其分地说明了他们现在的商业模式。

网站收集古董书店的目录，在网上提供更完整、更丰富的图书资料，得到了更多书商的支持，逐渐成为意大利最重要的古籍书、二手书、无法获得的图书和绝版书籍的搜索网站。

现在，这个网站已经有600多家书店参与，这些书店来自意大利和其他国家，分别提供1000万本图书的书目，每天有超过一万名访客。

网站口号是：不要放弃一本好书（Non rinunciare a un bel libro）。

这是对自己的承诺、对书商的提醒，也是对读者的建议。

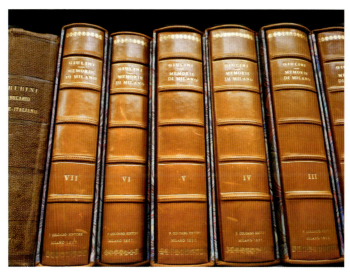

依然精美的装帧让人感受到每一位珍藏者的爱惜之心

陈列和布局：穿越历史的经典

马拉瓦西书店分为两个区域：进门的古籍图书陈列区、隔壁的图书上网整理区。

老板的工作台在陈列区的最里面，网络整理区有两位工作人员，不允许拍照。

古籍图书陈列区大致分为医学、科学、艺术、文学和诗歌、文献五大类。

这五大类又细分为意大利文学、地方历史、历史地理旅行、综合历史、综合文学、艺术和装饰、米兰地方史、医学科技、社会文献九类，具体到每一类，又按照时间顺序和不同作者详细区分。

许多珍贵的古籍图书已经成为珍品或孤品。不少牛皮、羊皮包裹的传世经典，已经穿越了几个世纪。

"这里收藏有英语书吗？"我们问。

"英语？"他愣了一下，沉思片刻，告诉我们："世界上最早的印刷机器出现在欧洲的古登堡，英国人学会印刷术要晚很多。"言下之意，英语书的年头不会太长。

书架上有一本1819年出版的综合性的神话词典。这些神话分别来自希腊语、拉丁语、埃及语、凯尔特语、波斯语、叙利亚语、印度语、伊斯兰教、拉比神话等，涉及从埃及到希腊、罗马的神话传说，从斯堪的纳维亚人的奥丁宫廷到印度多神教，从墨西哥、秘鲁到非洲的神灵崇拜，是一本集大成的"所有神话和古代传说的词典"。整个词典有六卷，封面由皮革和铜扣组成。这

大航海时代的神秘地图

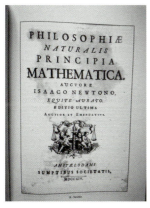

牛顿《自然哲学的数学原理》

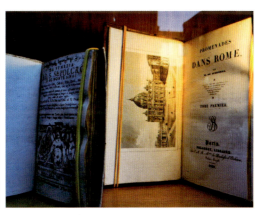

法国著名作家司汤达的《罗马漫步》

本书的售价已经涨到了1500欧元。

书店里甚至能够找到关于17世纪意大利瘟疫流行的书籍，其中一本由菲利波·吉索菲（Filippo Ghisolfi）在1648年出版的书，以米兰为基础，记载了1629年到1632年，大瘟疫的起源和相关法令。作为重要的文献资料，这本书现在卖到1800欧元。

而一整套牛顿的《自然哲学的数学原理》，已经是11500欧元。这是物理学家牛顿的重要著作，全书分为三卷， 1687年首次出版，马拉瓦西书店收藏的这一套书，是1714年的版本。

当然，书店的橱窗里一定少不了法国著名作家司汤达的著作《罗马漫步》。他曾经跟随拿破仑征战欧洲，波旁王朝复辟后，司汤达愤怒出走，旅居米兰，所以他也算是米兰的作家。

一些大航海时代的神秘地图也藏匿于书店之中。那个时代的东方被马可·波罗描绘成遍地黄金之处，从而催生了大量探险家从海上寻找东方之路。

马拉瓦西书店的所有图书都可以通过网络订购，如果你在欧洲，大多数书籍只需要6欧元快递费，当然成套的古书或者厚厚的珍本，则需要更多的快递费或保价费。

但丁和曼佐尼：文学史上的两座高峰

这里还有1727年出版的但丁（Dante Alighieri）的《神曲》（*La Divina Commedia*）三卷本，售价950欧元，出版商是Presso Giuseppe Comino。

但丁于1265 年 6 月 1 日出生于佛罗伦萨，他的《神曲》面世后，迅速在意大利宫廷流传，但留下来的原始手稿很少。现存最早版本大约是 1472 年的印刷版。16 世纪印刷的版本就越来越多，各种版式和设计非常有趣。奇怪的是，进入 17 世纪，《神曲》总共只印刷了 4 个版本。

18世纪末期的浪漫主义运动以来，但丁再次受到社会关注，成为重要的、复兴的精神象征，《神曲》也被翻译成多种语言，吸引了大量的崇拜者，包括后来著名的诗人艾略特、亨利·米勒、庞德、博尔赫斯，等等。

现在，一本1491 年 3 月出版的《神曲》，要卖到20000欧元，如果按照欧元兑人民币7.13的汇率，相当于142600元人民币，可以在这里买一辆中级轿车或者在三四线城市买一套房了。

书中不仅有黄金屋，还有颜如玉。

老板特意为我们推荐了一本《约婚夫妇》，也翻译为《未婚妻》。这是意大利著名作家曼佐尼（Alessandro Manzoni,

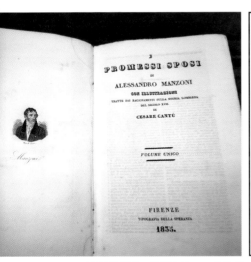

1833年版的《约婚夫妇》一书扉页　　　　　　　　但丁《神曲》

1785-1873）的长篇历史小说，通过乡村纺织工人伦佐和露琪娅悲欢离合的曲折婚姻、感人的爱情故事，反映了17世纪意大利中下层人民在异族统治和国内专制势力压迫下的艰难困苦，勾勒出各阶层的人物肖像及风云变幻的社会现实。

曼佐尼出生于米兰，是与但丁齐名的意大利作家、诗人，他们是意大利近代文学史上的两座高峰。如果说但丁的《神曲》是诞生于欧洲文艺复兴时期的神话版哲理长诗，那么，《约婚夫妇》就是意大利民族复兴运动时期，现实主义和浪漫主义相结合的经典小说，是一本意大利文学版的"社会百科全书"。

这本书在中国有多个译文版本，最早的应该是著名翻译家吕同六先生的版本。曼佐尼的一生充满传奇色彩。他曾经见到拿破仑，并创作了诗歌《自由的胜利》，歌颂法国大革命，反对教会和君主。后来受到天主教思想的影响，他写过多首《圣歌》。他的作品曾经被视为禁书，其本人也受到监视，但他的作品受到意大利人民的广泛喜爱。

神秘通道的守门人

夕阳西下，毛里齐奥先生热情地把我们送出书店。

"这些传承是无价的，这些都是你们家珍贵的财富。"

"对，他们并不是很值钱，但是很珍贵。"

毛里齐奥先生微笑着说，并仔细向我们介绍了这条街道周围的古迹。

顺着他手指的街道走过去，百米之外，就是举世闻名的米兰大教堂。

我们依依不舍地告别，仿佛是在告别一个时代。身后，古

夕阳映照的米兰大教堂

籍书店的老板仔细地关上门，就像关上了这个时代和上个时代，乃至再上一个时代之间，狭窄、神秘通道的大门。而他们兄妹三人，就是这个通道幸存的守门人。

20世纪，他的父亲和许许多多的米兰人，从二战的空袭中幸存下来。这个世纪，他们的书店，是这个区域古旧书店中唯一的幸存者。■

日内瓦老城中的小清新，
Page & Sips书店

◎ 文 / 郭靖伶

　　日内瓦位于罗讷河与日内瓦湖西南端的交汇处，在白雪皑皑的阿尔卑斯山和汝拉山脉的衬托下，显得格外壮丽优雅。这里不但有得天独厚的自然景观，还有深厚的历史文化底蕴和包容的革新思想环境，使日内瓦在近500年的发展中不断凸显文化气息，是联合国、红十字会及世界卫生组织等百余个国际组织的总部所在地。轻松精致的氛围、人文艺术的多样和高度的国际化，吸引着既追求大自然的宁静又追求国际大都会的活力的旅人。

　　放慢脚步在日内瓦老城区漫游，是感受历史、文化和艺术的沉浸式体验。拥有2000年历史的老城区筑于20米高的坡地上，方圆不过一平方公里。老城很好地保留了中世纪风貌，雄伟的教堂、精美的雕塑、古朴的纪念碑、精致的画廊……沿着古城墙和鹅卵石街道一路走，这里的每一座建筑都能告诉我们一些有关这块地方丰富的历史。历史的痕迹散落在数之不尽的建筑物、广场、艺廊、古董店和博物馆中。

登上老城坡地，沿着格兰德小巷（Grand-Rue）来到40号，门牌号上镶嵌着一块大理石牌子："1712年6月28日让 - 雅克·卢梭诞生在此。"这里，就是那位大名鼎鼎的法国思想家、哲学家和文学家卢梭的诞生地，也是我在老城寻访的一个目的地。然而就在我驻足门前，仔细端详这古老的建筑和橱窗中的陈列时，玻璃窗中反射出一抹清新活跃的绿色，吸引了我的注意力。

转头一看，卢梭故居正对面，一家名为书页&啜饮书店（Page & Sips）的小书店兼餐馆跃入眼帘。在这个沉静、内向、

书页&啜饮书店外墙

忙碌的服务区

严谨的老世界里转悠大半天后，小书店清新的绿和门前悠闲啜饮着的人们，让人不禁为之心动。

这是一家小巧的英文书独立书店兼茶饮店，位于老城区的心脏地段（格兰德路Grand-Rue37号），几十米之遥便是日内瓦的标志性建筑——圣彼得大教堂。小店明亮的玻璃门窗以暗绿色的门楣和窗棂为框，连通一层和二层构成拱形的书店外墙和店招，这里有"书籍、咖啡、茶、司康饼和活动"。门前绿色遮阳篷下的桌椅间，三三两两地坐着或闲谈或阅读或发呆的人们。

走进去，一股清新的气息扑面而来，这既源于全屋薄荷绿的墙面装饰，又源于咖啡茶水果和蛋糕混杂的香气，更源于整面白色书墙映衬下彩色而沉静的书籍的视觉冲击。

既然是小餐饮店，提供饮品轻食的服务区还是颇具规模的。薄荷绿色的墙面上，大大的店名"Page & Sips"下，印着一行字"Spreading our love for books"（传播我们对书的热爱）；

制作咖啡、茶、果饮等的各种器具杂而不乱，各种口味的司康饼和水果很是诱人；三位年轻的店员在各自忙碌着。我们点了店里招牌的英式红茶和司康饼，找了店堂靠里面的位子坐下来，仔细欣赏一番。

进门服务区对面的巨大书墙上，图书种类偏文学性，包括历史小说、诗歌和戏剧、现代小说等，比较符合年轻人的轻松阅读需求。书架两侧则摆满了特色的各种茶叶和优质咖啡豆。尤其是店主甄选的三十余个品种的茶叶，来自中国、日本、英国和非洲等地，这在欧洲算是非常丰富而独具特色了。

白色的书墙和特色的茶品

正中间的书台上平铺了二十种图书，有流行有经典，这是书店"每月推荐二十种图书"的项目；靠墙相对较小的书架上摆放了一些科普、自我提升、商业、语言等较为流行的实用型书籍；墙角凹陷的小角落设置了一个相对私密的阅读空间，墙上布满了小店的标志图案"猫头鹰"和"书籍"；楼梯下方的空间，陈旧的木桌上陈列着莎士比亚、狄更斯的经典文学作品的精选版本，这在普通超市或书店中难得一见。

其余靠墙的空间则安置了休闲的桌椅或小沙发供客人使用。后厅转角处通向一个更加宽敞明亮的空间——童书空间。依然是

书店的后厅

简单明快的童书空间

绿色的墙面、白色的书架、木色的边柜，有适合儿童阅读的矮凳、书桌和坐墩。图书以绘本为主，也有一些青少年喜欢的，如"哈利波特"之类的小说。

在前厅和后厅的交界处，靠墙的楼梯通向二楼空间。楼梯角的置物架上摆放着各期的《伦敦书评》，可见店主是妥妥的文学青年啊。一上二楼是一个小型客厅，各种卡座和沙发配小桌；再往后转角处还是与一楼对应的宽敞空间——二手书空间，视觉上更加温馨，两个孔雀蓝的长条沙发和各种软装，让人感觉更加舒适放松。

书页&啜饮书店开业于2022年9月，凭借清新优雅的环境、迷人时尚的阅读品味和丰富特色的口味，很快就成为日内瓦年轻人和英语人士的心头好。店主Emily Aubry是土生土长的日内瓦人，毕业于酒店学院并曾供职于悉尼的四季酒店，同时是一枚妥

相对私密的阅读角落

妥的文学青年。

"我每两天读一本书。是妈妈培养了我对文学的兴趣和品味。小时候，妈妈给我朗读了所有的哈利波特！"在悉尼遇到同样从事酒店业的丈夫Roderick Boerma后，两人决定返回故乡日内瓦创业。"将对文学的热爱和和对餐饮业的热情结合起来，是我一直的梦想"。于是，在不到30岁的年纪，Emily在这个她从小长大的社区开启了她的创业之路，开了这家小书店咖啡馆，希望打造像伦敦的Bookbar、Paper and Cup，曼彻斯特的Chapter One Books一样的文艺小店。

书店图书涵盖了小说、儿童文学、个人发展、历史、惊悚、科幻、古典、诗歌、烹饪、哲学、奇幻等各种风格，期待每个人都能找到适合自己的内容，书店也为寻找特定书籍的读者提供订购服务。书店还是一个文化交流场所，为成人和儿童举办有关文学的各类活动；二楼还可以出租作为文化或商业活动举办的场

每月推荐二十种书的书台

书与茶、经典书搭配

所。同时，书店是一个共享工作学习空间，优雅安静的环境吸引了很多远程或移动办公一族。

在这个普通的工作日的午后，小店里进进出出的客人，除了像我这样喝杯饮品聊个天的，更多的是戴着耳机在电脑上忙碌的，拿着书本写写画画的，低声而热烈地讨论着事情的……在这家 150 平方米的小书店兼餐饮店里，找到一个舒适安静的角落来完成工作并不难。

如果饿了，他们还提供传统的甜味和咸味司康饼、三明治来满足您的轻食需求。在经过一段时间集中精力的工作后，可以沉浸在一本小说或二手书中，并在回程的路上随身带上它。这也是这家小店开业一年多就聚集了高人气的原因之一吧！

在知名的Tripadvisor点评网上，书页＆啜饮书店在日内瓦参评的1800余家餐馆中，排名18位，评分4.6分；在Laptop

从二层俯瞰

经典文学作品的精美版本

二层的阅读角

书店的点餐单

Friendly发起的一项包括咖啡馆、餐馆、图书馆和酒店大堂在内的日内瓦最好的适合工作和学习的场所投票中，书店亦赢得了82%的好评率。从这个角度看，除了休闲，这里的确是一个颇受青睐的共享工作和学习的空间。

在当今如此高效快速的现代社会，人们紧张而繁重的工作和生活之中，需要加入一些松弛、一点慰藉和一种平衡。轻松的阅读，清新的茶品，这种轻质的治愈系的消费方式，一定程度上迎合了人们的需求。而书籍这一精神食粮与轻食饮品相结合所碰撞出的火花，在当下十分受欢迎并成为一种潮流，似乎也就水到渠成了。毕竟"阅读是人类永远的避难所"，毕竟阅读是一种生活方式！毕竟，在日内瓦，这个沉静厚重的老世界，孕育了山坡下一片繁茉的新世界。■

挪威小城的小小书店

◎ 文/一　蕾

　　2020年，权威旅行杂志 *Monocle* 评选挪威卑尔根为世界最美小城市。在和首都奥斯陆的"民间Battle"中，卑尔根也跻身最受喜爱的城市。对于很多旅行者而言：

　　到挪威，可以不去首都奥斯陆，但绝对不能不去卑尔根。

——斯堪的纳维亚旅游局

　　象（Elephanten）就是一家存在于这个世界最美小城市里的最小小书店。不知道能不能排上世界上最小的书店，但至少应该算是卑尔根最小的了，在卑尔根这座小城里，一切都是小小的。

　　搜索卑尔根出现的一些关键词：童话世界，联合国教科文组织世界遗产之列之一的世纪布吕根（Bryggen）建筑群；雨落之都——这是一座每年270天在下雨的城市；七山之城——被山脉环绕的卑尔根，随便哪里一出门就是登山之旅；峡湾门户——挪威

美丽的挪威小城卑尔根

　　最大的两个峡湾哈当厄尔峡湾和松恩峡湾分别位于卑尔根的一南一北，像母亲一样将其环抱。

　　而"象"书店就藏在卑尔根市中心的历史名街鞋街（Skostredet）的侧街，东亚文化艺术中心（Northing）的展览空间内，圆拱形的门洞正对着空间的入口。空间对面是卑尔根国际文学节的举办地卑尔根文学楼。以文学楼为起点，十多年来鞋街渐渐成了卑尔根的文化中心，周围除东亚文化艺术中心之外还聚集了卑尔根城市建筑师办公室、卑尔根三年展办公室、卑尔根电子音乐中心（Ostre）等众多文化艺术机构。

自从文学楼走出了个诺贝尔文学奖获奖作家约恩·福瑟之后，鞋街也成了世界各地文学爱好者来卑尔根旅游时的打卡点。然而"象"并没有蹭热点贩卖挪威文学名著，而是静静地配合着Northing的东亚文化主题，专注于推广艺术书与书籍设计，特别是来自东亚独立出版社的艺术书与设计书。

"象"书店的名字是一个由英语单词"Elephant"与挪威语定冠词"-en"（相当于英语放在名词前面的the）组合而成的合成词，源于2019年年底Northing空间正式开幕前的预展活动——快闪书店"象在店里"（Elephant in the Store）。当

鞋街上的卑尔根文学楼

horthing 展览：abC 牧书计划

时 Northing 旗下的独立出版社已成立半年，并积累了一些漫画和以Riso印刷为基础的小型出版物，例如与上海香蕉鱼书店合作的挪威百人豆本，以及挪威漫画家Fredrik Rysjedal与中国漫画家王烁合作的漫画集《门当弗对》，外加多年在各地参加艺术书展所积累的艺术书收藏，以快闪艺术书店开启Northing实体空间的新篇章成了顺理成章的选择。至于"象在店里"这个名字究竟有什么含义，店主还是想留给顾客一些想象空间。

庞然大物，大象无形。名字取得好，挪威人能懂吗？——周雷

是那部"大象在瓷器（中国）店"的德国老电影吗？好聪明！——Susanne Urban

"房间里的大象"，书店里的大象，妙！——Im i Maufe

是那个"白象"的典故吗？——Dipha chelvam

挪威百人豆本

北欧豆本盒

门当弗对

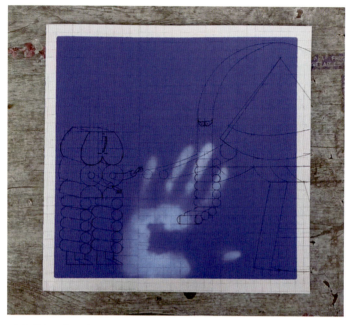
小龙花与北京设计师吕旻共同创作的艺术书"盲人摸象"

　　每个人都带着自己的"大象"进入书店，每头"大象"都有着各自的故事与含义。那一年快闪店里最热门的书正是上海艺术家小龙花与北京设计师吕旻共同创作的艺术书《盲人摸象》，这可能也是店里最具体、最贴切的大象了。

　　哦，除了店主自己折的纸象。夜晚歇业之后，书店的墙上总会出现一头大象的身影，正是这头小小的纸象借助手电的光线将放大的身躯还原在橱窗上，设计师刘欢用简单的弧线拼出戏水的大象，这么一算，店里的"象"还真不少。

　　挪威东亚艺术文化中心Northing于2019年成立，由挪威文化理事会（Kulturradet）和卑尔根政府全额提供资助，是挪威第一家也是目前唯一一家致力于促进挪威与东亚文化交流的非营利当代艺术中心。旗下的白菜出版社（Kinakaal forlag），通过与中挪艺术家的合作来制造新的对话机会，在文化的不同维度（视觉的、独立的、学术的、未知的等等）打开交流的可能性。白菜在挪威语中是"中国甘蓝菜"的意思，是挪威超市中最司空见惯的蔬菜之一，这个词或许也是普通挪威人与中国所能取得的最直接的联系。这就是 Northing 将旗下出版社起名为Kinakaal 的原因，希望两个遥远的文化可以发现彼此之间隐藏着的千丝万缕的

象在店里大象投影

微妙联系。目前为止，白菜出版社已出版各类艺术书籍10余种，多次荣获挪威年度最美书金奖等国内外艺术书奖项。

从2019年成立至今，Northing的展览空间中已经举办了三十多个大大小小的展览，Northing 的宗旨是致力于为已经在这里生活和工作的东亚艺术家提供展览机会和舞台，以接触广泛的当地观众。同时，Northing通过其跨学科活动，包括展览计划、出版物、工作坊、夏令营，为挪威艺术家和东亚同行创造了正面交流和合作的可能性。Northing希望通过东亚艺术和文化丰富卑尔根和整个挪威的文化生活多样性。

2024年4月，"象"书店破墙而出，重新入驻东亚文化艺术中心Northing Space，名字也从一句话简化成一个字"Elephanten"。书店的总面积只有不到8平方米，大概只够放得下一头成年亚洲象吧。

象在店里橱窗设计

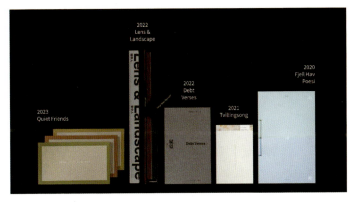

白菜出版社与挪威最美书年代表

2021年|山海诗（白菜出版社第一次荣膺挪威最美书艺术书金奖）
2022年|双子之歌（白菜出版社再度拿下挪威最美书艺术书金奖）
2023年|赋债（挪威最美书改革，停办一年之后，2024年初回归，结束历时
14年的门类与金银铜奖制度，只评出12本年度最美书）
2024年|镜中人，景中人

挪威城市书店主要被 Norli、ARK 和 Tanum 三家连锁书店垄断，卑尔根也不例外。不过近年来卑尔根也出现了不少独立书店，以各自专营的领域与别具一格的文化活动为城市的阅读人群提供了多样性和新鲜感。比如文学楼一楼的"书沙龙"，以文学类书籍与童书为主营方向，又如主街边的Tekstallmenningen，主要以经营挪威语文化杂志与独立出版物为主。而Northing 的"象"书店也是这样一家有自己专长的独立书店。

"象"书店延续了当年快闪店的选书思路，希望把读者的视线聚焦到经常出没于世界各地艺术书展（Art Book Fair）的艺术出版物上。在内容上，除了白菜出版社自己的书单，书店每月会邀请1位艺术家或1个艺术机构为"象"书店选1本艺术家书，它可以是因为与"象"的这个概念，可以是因为与"亚洲"或是

东亚文化艺术中心展览

"北欧"有关，也可以单单只是自己最喜欢的一本书。"象"书店在功能上不完全依附于Northing东亚文化艺术中心的定位，更多是承载着一个"客厅"的作用：一切因为书而链接，一切因为书而发生，且继续发生。

如果要选一本书作为"象"书店的镇店之宝的话，来自上海的店主可能会推荐白菜出版社出版的双城诗集《山海诗》，这本书是白菜出版社和潘焰荣老师合作的第一本出版物，并在2021年获得挪威最美书艺术书金奖，书中7位卑尔根诗人与7位上海诗人用诗歌将两座位于欧亚大陆东西两端的城市连接在了一起。

《山海诗》书名取自两座城市的名字：卑尔根位于挪威西海岸，由七座大山环抱，素有"七山之城"的美名；上海更是世界最大的沿海港口城市之一，"地居海之上洋"。本书特邀上海民生美术馆"诗歌来到美术馆"的策展人王寅老师推荐了7位中国诗人，这也是历史上第一次有那么多上海诗人的作品被同时直接由中文翻译成挪威语。

这些年来，Northing一直通过出版实践、举办与书籍相关的展览，以及在世界各地参加艺术书展等方式摸索艺术书，甚至是纸制书未来的发展方向。而经营书店也成了这种探索中的重要组成部分。随着电子阅读与出版的普及，纸制书正慢慢迎来历史性的蜕变，正如当年摄影技术的普及为绘画艺术带来爆炸性的变革与突破一样，纸制书也将卸掉传播信息与知识的"重任"，得以解放成为独立自由的艺术形式。而目前在艺术书领域不断涌现的创新理念与实验，正为这种改变指引着方向。

所以，正如书店的经营者在接受哥本哈根CHART艺术博览会采访时作出的回答那样：

书籍艺术与设计正变得越来越概念化，为传统形式的书增加了新的纬度。内容与形式，或以包豪斯的说法：功能与形式正变得越来越统一。这是收藏艺术书的另一个原因。现在藏家有越来越多的机会收藏到堪称艺术品的书，而不只是关于艺术的书。■

卑尔根艺术书展2024

俄罗斯最大的书店
——莫斯科环球书店

◎ 文 / 胡米沙

莫斯科环球书店（Библио-Глобус）建筑外观

朝向大街一侧窗户上的名人肖像海报

人们到俄罗斯旅游，或是参观气势宏伟的苏联式建筑，或是感受静谧而优美的自然风光，或是观展看演出等，一定或多或少地会对俄罗斯的历史和文化产生兴趣。而首都莫斯科便是这样一座建筑与自然、艺术与生活完美融合的花园城市。

苏联人爱书这件事早已人尽皆知，继承了苏联文化遗产的俄罗斯人亦是如此。早在20世纪30年代末，苏联就基本上消灭了文盲，并普及了初等教育。在今天的莫斯科，可以在地铁公交、公园长椅和大街小巷无处不在的咖啡厅等地——无论户外还是室内、喧闹还是宁静、温暖还是寒冷，总能看到有人捧着书籍阅读。数据统计显示，每年，莫斯科人超过一半的书籍消费来自于实体书店，莫斯科人更是平均每个月会逛一次书店。如今莫斯科共开设了778所实体书店，可以说，在莫斯科的街头巷尾，无处

书店正门，一派节日氛围

书店橱窗

不见书店的踪影。而位居莫斯科中心有一个被誉为"文化灯塔"和"知识海洋"、藏在繁华街道附近令人难以发现的巷子里的莫斯科环球书店（Библио-Глобус）。

由于纬度高，在冬天，莫斯科的天空通常给人一种昏天黑地的感觉，仿佛睡到中午也懒得醒来，路边似乎只有夏天才会熄灭的灯火却始终照亮着大街。

怀着期待的心情，在1月初的某天，我一大早便出发前往环球书店参观。书店位于莫斯科市中心的米亚尼斯卡亚街巷里，距离久负盛名的卢比扬卡大街仅有几步之遥，从以这条大街命名的地铁站出来，往米亚尼斯卡亚巷子的方向走约两百余米，便可以看到环球书店。整栋建筑从地下一层到地上二层均为书店所有，总面积约3600平方米，是俄罗斯最大的书店。

书店建筑风格独特，外观融合了历史主义和折衷主义元素，带有突出飘窗的不对称立面、丰富的雕塑装饰，展现了19世纪末的建筑特色。映入眼帘的是对外陈列书籍或文创产品的透明橱窗，橱窗被古朴的砖石和灰白悬挂的顽石雕塑所隔开，与之交相辉映，书店的宣传Logo设计得十分新潮，令人眼前一亮，此刻历史的厚重感与当代的潮流风倒也相得益彰。透过透明橱窗可以瞥见内部装修，虽然现代化，但尽可能地保留了旧的布局。

莫斯科环球书店的建筑历史可以追溯到18世纪上半叶，那里曾经是沙俄时期多位贵族名人的府邸。18

世纪上半叶，列昂季耶夫少校从父亲手中继承了这座建筑，随后，房子转移到司铎、法庭顾问乌沙科夫及格里博夫斯基上校手里。1810年，房产被转让给步兵将军达什科夫，后来又被转让给将军的妻子卡尔洛夫娜。

1812年，拿破仑军队侵入了莫斯科，为了赶走侵略者，莫斯科人不惜放火烧毁家园以作抵抗。幸运的是，达什科夫家的房屋和两个面向街道的厢房在大火中保存了下来，成为莫斯科人心中的一段传奇。这个故事流传甚广，建筑也成为莫斯科人坚毅和顽强的象征。后来，这栋建筑先后变成音乐商店、政府机构公寓和热能工程研究所等，直到1957年，它才被改造为书店，屹立至今成为地标式建筑。

推开店门，书橱的木香扑面而来。书店内部装修现代而典雅，保留了19世纪末的建筑风格，同时融入了现代元素。高高的书架排列整齐，摆满了各种各样的书籍，从古典文学到现代小说，从专业书籍到儿童读物，应有尽有。除了书籍外，它还提供古董、CD和录像带、纪念钱币、明信片、邮票、节日礼品、办公室文具等约20万种商品。

漫步在书店一层百余个书架间，仿佛置身于知识的海洋。每一本书都仿佛是一个世

①	②
③	④

① 各类办公用品和节日礼品
② 一位顾客正在挑选集邮册和明信片，旁边的玻璃柜中有勋章售卖
③ "漫步莫斯科"旅游书籍服务区
④ 媒体中心入口

界，等待读者们去探索。在这里，我找到了许多心仪的书籍，包括俄罗斯经典文学和现代作家的作品，此外，有关中国研究的图书也是一大热门。

几乎每隔两三个书架便有一个工作人员在整理或是介绍书籍，他们很热情，见到我便用熟练的中文"你好"打招呼。售货员杰米诺娃说："如今，有关中国的书籍备受欢迎，热爱中国和汉字的人越来越多，前来购买这些书籍的人络绎不绝。临近俄罗斯新年，熊猫、牡丹、锦鲤等主题的中国风文创产品销量惊人，一天能卖出500多套！"

一层还设置了旅游服务区，专门提供旅游预订服务。书籍引导讲解员谢尔蒙诺夫告诉我，通过自助查询设备，读者可以方便地预订各类旅游产品和服务，享受一站式购物的便利。

于是，我忍不住上前咨询了一些旅游线路和套餐，发现这里的旅游服务非常专业和周到。谢尔蒙诺夫为我展示了莫斯科旅游中俄文手册，并详细介绍了莫斯科及其周边的旅游景点和特色活动，我深深地感受到两国如今温暖而友好的气氛。

一楼书店一角设有一块介绍书店历史的展板。上面介绍道：莫斯科环球书店的前身是"书的世界"，于1957年开业，1992年更名为"环球书店"。从此之后，书店在俄罗斯联邦文化荣誉工作者法国艺术和文学勋章骑士叶森金领导下逐渐发展和扩大，直到形成今天的规模。

看着这些历史照片和文字介绍，我仿佛穿越时空，见证了这家书店的发展历程。从一个小小的书店，到如今的文化地标，环球书店经历了无数的风雨和变革，但它始终坚守着传播知识和文化的使命。

一位读者在咖啡厅读书，身后是俄罗斯作家群像

　　书店二层也书柜林立，走到书店二层中央，可以看见一则电子海报，上面列举了近期即将于店内举行的图书交流活动。可以说，环球书店不仅是购书的天堂，更是文化交流活动的集中地。书店在二楼特别设立的媒体中心定期举办作家见面会、新书发布会、讲座和大师班等文化活动，为读者提供与作家直接交流的机会。

　　此前，我曾来这里参加过中国图书《西洋记》的俄语版发布会，《西洋记》全称《三宝太监西洋记通俗演义》（又名《三宝太监西洋记》），是明代作家罗懋登于1597年所著的长篇小说，根据郑和下西洋的故事编写而成。当时，我怀着好奇的心情参加了这场活动，并聆听了译者的分享和见解。从络绎不绝的提问和热烈的探讨中，我看到了俄罗斯人对于中国文化的热爱与追求。

　　书店管理员拉芙琴科告诉我，成立至今，众多名人踏足环球书店，如俄罗斯当代女作家、诗人和舞台剧作家斯捷潘诺娃和西班牙著名导演古铁雷斯等都曾光顾这里。据说，19世纪末至20世纪初，许多著名的俄罗斯作家、诗人和思想家都曾听闻这栋建筑

书店橱柜纵深陈列

的传奇，来到此地寻找灵感或进行学术交流。想象着托尔斯泰、陀思妥耶夫斯基等文学巨匠曾在这片空间中徘徊，我不禁感到无比的激动和荣幸。

地下一层设有咖啡厅和周边小商店，咖啡厅的甜品和咖啡比较平价，市面上该有的经典咖啡种类这里都有，大概人民币20元的样子，便能喝到由来自意大利或是阿拉伯的咖啡豆所研磨的咖啡。我点了一杯加浓卡布奇诺，静静地坐在咖啡厅的书橱边，温暖的灯光投射在桌面上，营造出一种宁静而温馨的氛围。

在书店的几个小时里，我沉浸在与书籍的亲密接触中。我挑选了几本心仪的书籍，坐在阅读区阅读。每一本书都仿佛是一个朋友，与我分享着他们的故事和见解。

在这里，我不仅找到了心仪的书籍，还结识了一些志同道合的书友。我们互相交流读书心得，分享乐事，度过了一个愉快而充实的下午。

通过与书友们的交流，我了解到，环球书店在俄罗斯社会各界具有广泛影响，其不仅为市民和游客提供了丰富的文化产品和旅游服务，还通过各种读书活动促进了文化发展和社会进步，这其中就包括促进中俄文学交流。此刻，我深刻感受到俄罗斯人对文化的热爱，对中国人民的友好。

临别之际，我站在书店门口久久不愿离去。莫斯科环球书店不仅是旅行的重要一站，更是爱书者心中的圣地。■

战争与书籍：
藏在书店里的贝尔格莱德梦

◎ 文 / 张洪凌

　　我没想到，进入塞尔维亚首都贝尔格莱德之后，导游西蒙带我们参观的第一个地方竟是一组与战争密切相关的景点：不断毁建的贝尔格莱德要塞，囊括古今军事装备的塞尔维亚军事博物馆，纪念巴尔干战争凯旋的维克多纪念碑，用作逃生通道的罗马井，用弹壳、军刀、头盔装饰的圣彼得堡教堂，士兵们沐浴休息的土耳其浴场，还有保存完好的高墙、城门和炮台。即便在夏日骄阳下熠熠发光的多瑙河和萨瓦河，也无法驱除城堡内无处不在的黑暗。正是这两条美丽大河的交汇，使这个地方成为兵家必争之地，成为控制中欧与巴尔干之间贸易和军事路线的关键。多种文明和民族在此地的碰撞和融合，更是加剧了冲突的频率和烈度。

　　导游西蒙在贝尔格莱德出生和长大，大学学的是政治学，对这一地区的政治和历史可以说是了如指掌。他告诉我们，一些

米哈伊洛大公街　　　　　　　　书店橱窗

历史学家声称，贝尔格莱德是地球上发生武装冲突次数最多的地方。自凯尔特部落在该地区定居以来的2300多年的时间里，差不多每20年就会发生一次战争。从1918年到2006年的88年间，这座城市就经历了115场战争，被摧毁了44次，遭过5次轰炸和多次围攻。西蒙回忆了20世纪90年代末北约对南斯拉夫联盟共和国的轰炸。当时，他还只是一个少年，常和小伙伴们根据北约公布的轰炸日程，去被炸大楼的附近观看。他特别提到对中国驻南联盟大使馆的轰炸，并认为，既然轰炸目标和时间都是事先精心安排好的，怎么可能发生那么大的错误呢？

　　战争和书籍，似乎是两件很难共存的东西。正因为如此，当我得知贝尔格莱德竟然拥有"书城"的美誉时，我又吃了一惊。在游览位于老城区中心的米哈伊洛大公街时，我注意到好几家书店。我问西蒙知不知道这条繁华的商业步行街上究竟有几家书店，他说他本人没有统计过，但以前带的旅游团中，有一名游客数过，一共有十家。我很吃惊，要知道，这里可是寸土如金的商业中心啊。

西蒙说，贝尔格莱德既有猛犸（Mamut）这样的大型多层书店，也有Apropo 这样较小的咖啡书店。几家大型书店连锁店，比如德尔菲拉古纳（Delfi Laguna）、火山（Vulkan）和柏拉图（Plato），在该市有多家分店。独立书店和专门书店也有好几家，比如专营英语书籍的英文书店（The English Book）、侧重经营塞尔维亚作家作品的独立书店泽普特书世界（Zepter Book World）、主要经营学术书籍的学院书店（Knji žara Akademija），以及专营稀有古籍、漫画和幻想小说的欧门书店（Omen）。最有意思的是，该市还有一个独特的"书车街"（Ulica Hiljadutrista Kaplara），专门出售二手书。西蒙说，正是因为战争毁掉了太多有价值的东西，贝尔格莱德人反而特别重视对文化遗产和知识传统的保存。此外，东西方交汇和多族裔共存的地域文化特征，也对这座城市的知识和文化生活形成了独特的影响。

由于时间有限，我在西蒙宣布有两小时的自由活动时，让他给我推荐一家最有特色的书店。

他说，"那你一定得去学院书店。这家书店不但藏书丰富，而且建筑很有特色。我读书时常去"。

按照西蒙的指点，我在米哈伊洛大公街35号找到了学院书

水晶吊灯

店。书店在一栋老旧的角落建筑里，黄绿色的金属门面，发黑的水泥墙，装饰精致的露天阳台，映射出蓝天白云的窗玻璃，处处透出一股落魄贵族的气场。这栋建于20世纪20年代的大楼，结合了新艺术运动（Art Nouveau）和装饰艺术（Art Deco）两种建筑风格的特点，是米哈伊洛大公街最重要的文化地标之一。玻璃橱窗内陈设着不少装帧精美的图书，有一本书的封面上居然写有"贝尔格莱德"几个中文字眼，旁边摆着一把白色的茶壶。顾名思义，这应该是一本关于贝尔格莱德的图书。最边上的橱窗里，摆放着一个戴眼镜的坐姿白色人体雕塑，他正在读膝上摊开的一本书。仔细一看，这座雕塑居然是用白纸叠成的，是名副其实的纸雕塑。

我相信，每一个走进书店的人，都会首先被悬挂在天花板上的水晶吊灯吸引，然后是它周遭的一圈室内阳台。在迎门墙镜的

书店橱窗

反射下，书店呈现出一种老剧院的华丽色彩。

不过，我进去后第一眼注意到的是左手边那个高高的书架，标签上用塞尔维亚文和英文两种文字写着"外国作家"的字眼，过了玻璃窗，陈列着塞尔维亚作家的作品。我好奇这家书店居然收藏了这么多外国书籍，而且放在最醒目的地方。后来跟收银台后面的年轻姑娘聊天时（书店的店员似乎都会说流利的英语），我问起原因。她说因为塞尔维亚本土作家不多，所以书店引进了很多外国作品。我又问起中国作家的作品，她说店里除了刘慈欣的《三体》，几乎没有其他中国作家的作品。我颇有些失望，橱窗里的中文书让我产生错觉，以为店里会发现不少中国作品。

后来我向西蒙转述了年轻收银员的话，西蒙连连摇头，说她的话不准确。塞尔维亚并不缺少本土作家。事实上，这个国家的文学有着丰富的历史，产生过许多国际上知名的作家，比如诺贝尔文学奖得主伊沃·安德里奇（Ivo Andric），当代作家佐兰·日夫科维奇（Zoran Zivkovic）和比利亚娜·斯尔布里亚诺维奇（Biljana Srbljanovic）等，他们都为本土文学的国际化作出了重大贡献。但是，外国作家在塞尔维亚的图书市场中确实占了很大比例，原因很多，比如，读者的多族裔背景让他们的文学品味和兴趣更多样化，对世界文学有着强烈需求。作为一个小语种市场，塞尔维亚的出版商经常通过翻译和出版外国文学来吸引更广泛的读者群体，获取经济上的好处。此外，塞尔维亚的文化和教育机构也支持外国文学的翻译和传播。

书店一共有两层，我转了一圈，发现这里几乎涵盖了各种

主题的书籍，包括文学、哲学、历史、奇幻、漫画、儿童书籍等。由于靠近塞尔维亚艺术与科学学院，书店也拥有大量的学术和专业技术书籍。

一般书店里，一楼可能展示流行书籍和新书，二楼则陈列专业主题或更广泛的文学作品。学院书店则相反，一楼除了入口处的新书展示区和专门出售儿童书籍与玩具的儿童区以外，文学、哲学、历史及经典书籍占据了最显眼的几个书架。外文书籍超过5000种，涵盖了绘画、建筑、设计、电影、摄影、音乐、自然和

书店读者　　　　　　　　　　　　　　　　　外国作家书架

書店的書架

咖啡馆　　　　　　　　　　　　　　　一楼儿童区

社会科学、体育等多个领域。二楼则摆放着奇幻一类的通俗小说，特别是日本漫画、图像小说、科幻和类型小说等。我在那里看到全套《指环王》《权力游戏》和《哈利·波特》等书。我在科幻书柜也找到了刘慈欣的《三体》系列，当然，我是在店员的帮助下找到的。《三体》在塞尔维亚语里被译成"Problem Tri Tela"，译者是Bojan Tarabic，他也翻译了三体系列的另外两部——《黑暗森林》和《死神永生》，以及贾平凹和鲁敏等中国作家的作品。

　　站在二楼的室内阳台上俯瞰一楼，真有一种在戏院看戏的感觉。你可以看到各色各样的读者络绎不绝地走进来，有的戴着头巾，有的留着络腮胡。读者不多，大部分看上去是本地人，不少是母亲带着孩子来。这家书店特别为宝贵的年轻读者着想，精心挑选

一楼新书展示区

了众多富有教育意义和创意的书籍，还提供了大批新颖独特的玩具。在咖啡馆旁边楼梯入口的上方挂着一块白色的牌子，上面醒目地写着美国作家和社会活动家玛格丽特·富勒的名言：今天的读者，明天的领袖。

　　为了更好地观察书店，我在咖啡馆买了一杯红茶和一块甜点，坐在镶边的靠背椅上，一边品尝美味点心，一边观察书店访客。我发现椅子后边的一排铁架处常常有人翻找，大多是年轻人，还有两对亚裔男女。我好奇地扭头打量，发现那上面放的全是塔罗牌、神谕卡，以及有关灵性和神秘主义类的书籍，各种风格和主题都有。贝尔格莱德历史上经历了多次文化和宗教的交汇，受东正教、天主教和伊斯兰教的影响；20世纪又经受了数次政治和社会动荡，当地人需要在心理寻求安慰和指导，以获得内心的平和与宁静。

我问收银员书店的经营状态如何，她似乎对我的问题感到有些奇怪，说他们的书店坐落在贝尔格莱德最受欢迎的观光和购物区，被公认是东欧最美丽的书店之一，是书籍爱好者和游客必去的地方。虽然面对DelfiLaguna、Vulkan和Plato等大型连锁书店的竞争，但由于他们拥有独特的文化定位和丰富的书籍选择，书店成功地吸引了各类读者，即便在有"书城"美誉的贝尔格莱德也占有重要一席。

　　两个小时飞快地过去了。离开书店时，我竟有点依依不舍的感觉。这家梦幻的书店给人一种家的温馨感觉。我如实向西蒙说了自己对书店的感受，他听后很开心，但又有点遗憾地说，可惜时间太紧，不然他还可以带我去参观一家叫Adligat的文化机构，包括一家大型私人图书馆和两个博物馆：书籍与旅行博物馆，以及塞尔维亚文学博物馆。图书馆的核心是Lazic家族的个人藏书，其始建于1882年，目前拥有100多万册图书，是巴尔干地区最大的私人图书馆，里面藏有大量有签名的第一版书籍、稀有手稿、旅行书籍，以及一系列打字机。西蒙说Adligat位于宁静的郊区，是一个非政府组织，许多稀有书籍和手稿都保存在地下室里。其中一个珍贵展品是一部完全印在丝绸上的书，这是中国送给塞尔维亚总统的珍贵礼物。所有这一切努力，都是为了防止战争给贝尔格莱德带来的大规模破坏和文化损失，给书籍建造一个安全的避风港。

　　所以，贝尔格莱德是一座战争之城，也是一座书籍之城。一家又一家的书店，就是贝尔格莱德人和平之梦的庇护所。■

罗马尼亚最美的书店：
光之旋转木马书店

◎ 文 / 张洪凌

　　光之旋转木马书店（Cărturesti Carusel）被认为是罗马尼亚最美的书店。其实，哪怕说它是欧洲最美或是世界最美的书店之一也不为过。

　　它的美来自于对空间的巧妙分割和对光影的创意处理。波浪般蜿蜒的楼层和螺旋式上升的楼梯让书店动感十足，宛若一只上下起伏、轻盈滑翔的旋转木马。整座书店被漆成白色，日光由中央天窗流泻而下，与星空般的人造灯光交织，营造出一种通体透明的梦幻氛围，完美诠释了"光之旋转木马"的店名。

　　它的美也来自于将传统的建筑元素天衣无缝地揉进具未来特质的当代空间里，来自于它在简洁和复杂、对称与非对称之间找到的完美平衡。在每一层走廊上，你都能看到拜占庭风格的大理石圆柱与现代铁艺直线的有机融合，中间巨大的留白则给你的想象力提供了一个任意驰骋的开放性空间。你可以倚栏而立，想象自己骑在这只驮着知识之光的旋转木马上，在智慧和美的星空中

光之旋转木马书店

光之旋转木马书店

翔翔。

　　所有这些精心的设计与打造，不过是为了给爱书人提供一次难忘的沉浸式体验，给书虫们创造一个童话般的阅读仙境。正如旋转木马连锁书店在其网站简介中所言，"如果博尔赫斯是对的，天堂是一个没有尽头的图书馆，那么我们的使命就是将这个文学天堂带给罗马尼亚的读者"。目前，这家连锁书店在罗马尼亚已经有55家分店。每一家书店不仅提供书籍，还带来让人流连忘返的建筑艺术空间、融合着茶香和咖啡香的音乐、引人入胜的新书发布会，以及引领潮流的艺术展览。而在2015年开业的光之旋转木马书店，无疑是罗马尼亚读者收到的一份最隆重的礼物。

　　这份厚礼来得并不容易。谁能想到，仅在2007年，这里还只是一栋废弃破败、无人管理的老楼。在位于布加勒斯特中心的老城区（Old Town），这样的空置楼房并不少见。老城区是16世纪围绕王宫区（Princely Court）兴起的手工业者和商人的聚集地，据说也是布加勒斯特的发源地。这个区域在17世纪中叶发展成布加勒斯特的商业中心，熙熙攘攘的繁荣景象一直持续到二战爆发。

二战期间，由于罗马尼亚在轴心国和同盟国之间摇摆不定，尤其因为它拥有德国赖以维持战争机器运转的石油资源，布加勒斯特先后遭到盟军和德军的猛烈轰炸，城市基础设施和居民生活受到了巨大损害。由于不是双方轰炸的主要战略目标，大部分房屋又是砖砌石建的低层建筑，老城区竟侥幸存活下来。

光之旋转木马书店所在的这栋楼建于1860年，1903年被希腊银行家尼古拉斯·克里索维洛尼（Nicolas Chrissoveloni）购买，成为克里索维洛尼银行的一部分。这栋楼在二战期间经受住了炮火的考验，但在战后罗马尼亚独立后被政府没收。它先是被改造成一家名为"人民集市"（Bazar popular）的杂货店，后来又变成名为"家庭"（Familia）的男装店。随着齐奥塞斯库（Nicolae Ceauşescu）在20世纪80年代末的垮台，这栋楼也被废弃，空置了25年之久。直到老银行家的曾孙让·克里索维洛尼（Jean Chrissoveloni）出面，试图收回对这栋楼的所有权。经过

书店多角度

书店的门面其实并不起眼　　　　　书店内部

二十多年的法庭争斗，让终于在2007年如愿以偿。接下来他与旋转木马连锁书店合作，投资数百万欧元，雇了布加勒斯特一家颇有名望的建筑事务所起点（Square One）对这栋楼进行改造翻修。七十五名建筑师和工人，花了五年时间，投入两万多个小时的辛勤工作，最终将这栋前银行大楼打造成今天的精美模样。

　　如今走进这家书店，你完全看不出历史的风雨在它身上留下的任何痕迹，也难以想象它差点儿就成了一座废墟。战争、地震、火灾和政权的更迭都无法阻挡这只光之旋转木马的起飞。

　　书店的门面其实并不起眼。吸引我们走进这家书店的与其说是它的门面，不如说是门口这位漂亮时髦的绿衣女郎。她停下脚步向上张望，似乎在期待着什么。她也恰好代表了旋转木马书店对其读者群的定位：年轻，时尚，热爱书籍、文化和艺术，追求

高品质的阅读和购物体验。

光之旋转木马书店一共有六层（包括地下一层），占地超过1000平方米（约10764平方英尺）。除了一万多册书籍、五千多张专辑及DVD，它的地上一层还设有一个当代艺术画廊，专门用于展览当地艺术家的最新作品。中央大厅的悬空位置经常会展示各种引人注目的艺术装饰。这次我们看到的是一个巨大的纸花，好像一条耀眼的火龙。除了艺术展览，地上一层还是新书发布会、读书会、各种讲座和研讨会的举办大厅。出席者不但有知名罗马尼亚作家，还有不少国际知名作家。最成功的一次当属《小屁孩日记》（*Diary of a Wimpy Kid*）的作者杰夫·金尼（Jeff Kinney）的签书会。由于他的作品在全球范围内拥有大量年轻读者，这次活动吸引了许多杰夫·金尼的粉丝，不仅有本地读者，还有来自其他城市甚至其他国家的读者。场面之热烈出乎人想象，整条街都被等着进来的人群堵住了。

从地上一层的宽敞楼梯下到地下一层，你会发现自己身处一个独特的多媒体空间之中。天花板上的灯光设计采用了不规则形状，有些像波浪，有些则像几何图形，与简洁明了的直线条相互辉映，提高了空间的动态感和视觉吸引力。空间内配备了现代化的音响和投影设备，确保电影放映、音乐会、现场表演和多媒体展示的高质量体验。在这里，你会发现各种音乐专辑，CD和黑胶唱片，无论是古典音乐还是流行音乐；大量的DVD和蓝光光盘，涵盖了经典电影、独立电影和流行电视剧；各种类型的桌面游戏（如棋盘游戏、卡牌游戏等）、电子游戏和相关配件；大量的流行漫画、艺术和摄影书籍，以及各种期刊。

当然，书店的主角还是书籍，数量惊人，内容丰富。二楼

老城区街道和地图

拥有外文书、文学、哲学、社会科学、商业、心理学、宗教和艺术等各个学科的书。三楼主要是生活类、艺术类和儿童书籍。四楼主要包含专业领域的书籍，比如科技、医学、法律、教育、经济等。书虽然多，但找起来并不麻烦。因为书架上有不少小牌，指示书籍的分类，让你清楚地知道该去哪里寻找你想要的书籍。罗马尼亚语的书籍占大多数，英语书数量之少则有些出乎我的意料，就放在一个小小的英语角里。有一个书柜是作家的个人专柜。在那里，我发现了奥尔罕·帕慕克（Orhan Pamuk）、村上春树（Haruki Murakami）、加西亚·马尔克斯、乔治·奥威尔等名家作品。在科幻柜那里不出意外地发现了刘慈欣和陈楸帆的书。刘慈欣在东欧非常有名，店员几乎都知道他的大名，估计这与电视剧《三体》热播有关。中国的经典哲学和文学书籍不少，但当代作家我只发现了阎连科。每条走廊的角落都摆放着舒适的椅子，供你找书累了时坐下休憩或发呆。

顶层的咖啡馆几乎是唯一有家具的地方。起点建筑事务所的合伙人之一阿德里安·坎丘（Adrian Canciu）声称，咖啡馆的这些木制小酒馆椅子"非常结实，就像罗马尼亚的身份一样"。桌子上方的细长锥形铜吊灯则是从罗马的工匠那里订购的。咖啡馆被一个巨大的玻璃屋顶笼罩，白天，你可以坐在蓝天下看书、品尝咖啡或者与朋友聊天。如果你是晚上来访，抬头便可以仰望璀璨的星空。

商业无疑是书店在文化之外存在的另一个理由。光之旋转木马书店自开业以来取得了显著的商业成功。它的收入来源多样，人们去那里不仅仅是为了买书，更重要的是享受它的氛围。我们去书店的那天是星期天的上午，当时通常不是生意最繁忙的时候。尽管我们待的时间很短，但访客依然熙熙攘攘，看书买书的人很多，特别是年轻人不少。

现在，光之旋转木马书店已经不仅仅是一家书店和一个综合性的文化空间，它还是布加勒斯特乃至罗马尼亚最受欢迎的文化地标之一。很多游客将其列为布加勒斯特的必访景点之一，网红们也会专程前来打卡。它经常被称为最适合上Instagram的书店，因为无论你从哪个角度拍摄，它都美得各有千秋。■

在阿塞拜疆逛书店，
感受文化和艺术气息

◎ 文 / 王 焰

　　2024年10月2日，我随中国出版代表团去阿塞拜疆首都巴库参加第十届巴库国际书展（以下简称"巴库书展"），这是中国图书在此书展的首次亮相。中方代表团主要由江苏凤凰出版传媒集团、华东师大出版社（编者注：作者为该社社长）、译林出版社等单位组成，带去了涉及中国文化、历史、教育、科普、童书等各方面近600种图书。

　　华东师大出版社参展还有一个重要背景，即我社是亚洲经典互译计划中国—阿塞拜疆项目的主承办单位，这项工作受到两国相关部门的高度重视。此次出访，我社也承担了对这项工作进行洽谈推进的重要任务。

　　这是我第一次去阿塞拜疆，去之前也在网上做了一些功课，了解到巴库是一个里海边的城市，是传说中的风与火之国。由于它位于欧亚大陆的交界处，临近高加索山脉和里海，全年多风，又拥有丰富的石油和天然气资源，世界上的第一口油井即诞生于

巴库国际书展现场　　　　　　　　　中国出版代表在巴库书展举办活动

巴库。所以人们常称巴库：一半是火焰，一半是海水。阿塞拜疆是"丝绸之路"的十字路口，东西方文化在此交融，其更是一带一路上的重要国家，与中国的文化经济交往日益增多。

　　几天的巴库书展给我留下了深刻的印象，中国展区的首次亮相吸引了阿塞拜疆读者极大的关注。由于阿塞拜疆与中国两国间的关系十分友好，已上升至战略伙伴关系。我们在展场上充分感受到当地人的热情与友善。

　　展场上不仅图书丰富，琳琅满目，人流也很拥挤，特别是成群结队的中小学生来往如织，他们对我们带去的图书都很感兴趣，不断询问："这本卖不卖？我们很喜欢。"由于我们带去的都是单本书供展示用，所以只能婉拒。

　　译林社带了毛笔和纸，现场给孩子们演示中国毛笔字，顿时有很多孩子围上来，他们报上自己的名字，我们的翻译小伙帖木尔音译一下，我们就按自己的理解写下中文名，再把这张名贴交给孩子。这个举动大受欢迎，一堆学生围上来，包括一些大人也挤进来，纷纷要求写自己的中文名。我也去写了不少，还和孩子们一起合了影，感觉非常愉快。

巴库有两所孔子学院，分别在巴库国立大学和阿塞拜疆语言大学，他们都在展场做了中国文化展示的活动。有一个当地的女孩苏菲在孔子学院学了京剧，现场带妆唱了一段陈派的《锁麟囊》，唱功扮相俱佳，一招一式很有风范，让我们很是惊喜。其后，我们把带去的图书分送了两家孔子学院，也做了现场的赠送

LIBRAFF书店

仪式。

当然，作为出版人，探访当地的书店是我们重要的活动之一。受汪耀华先生的委托，我特意请导游带我们去看最有标志性的当地书店。

10月4日，白天的展场活动结束后，我们在晚上去了巴库老城。

在老城最著名的步行街上，发现了一个非常漂亮的书店"LIBRAFF"。这是一个小二层的独立书店，店面不大，对面望去，灯火通明，非常精致。

店内图书品类丰富，大多销售的是人文社科等大众读物。进门最显著的桌子上是一些精装读物，我看见有《安娜·卡列尼娜》，设计极其精美。

二楼有整个专柜的青少年名著阅读丛书，和国内的世界名著青少年版分类很相似，其中俄罗斯作家的书更多一些，可见苏联对阿塞拜疆文化的影响还是挺大的。丛书中当然也有《达·芬奇密码》这样世界级的畅销书。

书店的正中央悬吊了一本巨大的羊皮书装置，非常吸引人，也别具艺术性和观赏性。在步行街这样的黄金地段，有一个晚上还在营业的书店，也体现了一个城市对文化的重视。

第二天上午，我们专程去探访了巴库最大最美的书店：BAKU BOOK CENTER。这个书店名气很大，国内小红书、短视频网站上都有介绍，是网红打卡之地。

店门不大，望去挺低调，也没有大型橱窗。但一进门不由得惊艳万分，书店规模很大，有几百平方米，楼上楼下二层，分区摆放图书，品类齐全。

正中央的铁艺楼梯分两侧旋转而上，当中悬吊着花束，屋顶是带有明显阿塞拜疆风格的彩绘图案，以花草为主，清新明丽。

这是一幢老建筑，有弯曲的穹顶、裸露的红砖，也有法式的护墙板。书架有铁艺的，也有欧式木柜的。有典型的阿塞拜疆风格图案，也有简约的现代风装饰。总之，古典与现代的风格达到了完美的融合。灯光设计更具巧思，与透过花窗射进的阳光一起，构建了一种让人沉迷的书香氛围。

图书在每一个精心布局的空间里，就像是一件件艺术品，都是那么恰如其分地摆放着，让人有阅读的冲动。各处散落着座椅、沙发和靠垫，令人想静下来找一个角落，就那么坐着，感受着，想象若是待上一整天，那该是多么幸福的事情。对于爱书的人来说，人生之美莫过于此。

书店楼梯上装饰花束

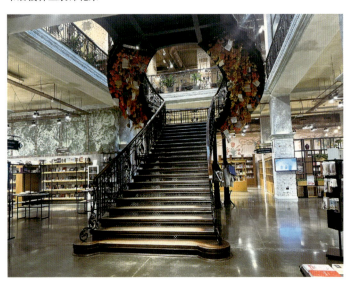

阿塞拜疆巴库
在阿塞拜疆逛书店，感受文化和艺术气息 |

书架有铁艺的，也有欧式木柜的

书店二楼正中，有一架巨大的三角钢琴，旁边还有活动区域，每一处都精心布置，体现了设计者的用心。

一楼左边，在图书结账区的背面，设有咖啡区域，我们忍不住找个位子坐了下来，各要了杯咖啡或红茶，边喝边聊，感受静美书店的氛围，觉得此处真当得起"最美"二字。

实体书店经营困难，在世界各地都是不争的事实。但每个重要城市都把重要的书店打造得美轮美奂。而且与一般商业不同的是，书店的装饰设计更体现了文化和艺术气息，以书之美来打动人，我想这也是为留下读者而特意为之。以往的书店只是书的陈列，装潢乏善可陈，而现在，书店成为一种文化地标，代表了一个城市的文化形象和品牌。不遗余力地突出它的美，也是对出版业和读书人群的最温馨的守护。

阿塞拜疆历史文化悠久，文学繁荣，对作家学者非常崇拜和

想静下来找一个角落，就那么坐着，感受着……

①书店成为一种文化地标
②咖啡区域
③书店内弯曲的穹顶
④萨梅德·武尔贡（1906—1956）的旧居
⑤文物陈列中萧三签名的赠书

尊重。国家图书馆的外墙上都立着历代作家名人的雕塑。

我们走出书店，拐过一条路，路边的一处建筑门口挂着一个牌子。导游帖木尔说这是一个诗人曾经的居所，我们立刻问："可以看看不？"他说："应该可以的。"我们就直奔楼上，不期的偶遇，没想到得到一个让我们兴奋不已的收获。此处旧居是阿塞拜疆著名诗人萨梅德·武尔贡（1906—1956）的旧居，已改为博物馆供人参观。

旧居陈设一如当初模样，陈列了诗人的生平和重要著作，有两位工作人员给我们作了详细的讲解。我们在橱柜里惊奇地发现，武尔贡先生曾于1955年10月随苏联代表团访华。

文物陈列中，有一张当时中苏友好协会发的邀请观摩"小白桦树"舞蹈的请柬，还有一本萧三签名的图书，扉页上写着"武尔贡同志惠存"及几句俄语，署名"萧三"。我们对这个大发现惊讶地呼叫起来。

更有意思的是，第一批中阿互译项目中有一本武尔贡的儿子尤西夫·萨玛多格卢的著作，武尔贡的儿子也是一位著名作家。我们的这次访问完全是偶然得之，却收获颇丰。我们感叹这是一种来自于文学力量的缘分。

巴库书展已于10月8日落幕，我们在书展上向阿塞拜疆文化部长阿迪尔·克里姆利先生赠送了我社出版的图书《70件文物里的中国》。相信在2025年，中阿经典互译的第一批图书可以顺利出版。期待在2025年的巴库书展上，我们能够通过这批图书进一步满足中阿两国读者的阅读兴趣，深化两国的文化交流。当然，更期待中国的经典著作能够出现在巴库最美的书店里。■

我心中的亚特兰蒂斯书店

◎ 文 / 尹楚鸿

　　对古希腊文明神往已久，金秋十月，应好友之邀，赴向往之地。 游览完古希腊的标志——雅典卫城，便前往美丽的圣托里尼岛（Santorin）。

　　圣岛是爱琴海最璀璨的一颗明珠，这块柏拉图心中的自由之地，有着诸多美誉：艺术家的村落、摄影家的天堂、美食家盛宴场、情侣的浪漫胜地……在这里可以欣赏到世界最美日落和最状阔的海景。阳光明媚、碧水蓝天、白房洁净衬托着一抹蓝顶，这里是全球公认的观光度假的绝佳去处……

　　怀揣着一颗读书人的好奇之心，决定到圣岛了却一桩心愿，去有世界最美书店之称的亚特兰蒂斯书店（Atlantis Books），一睹圣岛上这个卓越"美女"的风姿！

蓝天下的智慧之地

别致的书店入口处

亚特兰蒂斯书店二层

于是，在等待圣岛一大特色景观"爱琴海夕阳日落"的空暇时间，见缝插针赶去会她……

经当地人热情指引，避开熙攘的游客，在不起眼的街角，终于寻到了她：

一个只有40平方米左右，上下两层的小书店。上层是一个面对大海、袖珍的迷你露天小阳台，有着醒目的英文店标——Atlantis Books。据说，书店之名源于柏拉图梦想之乐土亚特兰蒂斯。

几把小木椅、几本供游人翻阅的书籍，一只小憩的猫咪，在余辉播撒、海风轻拂中显得有些漫不经心、慵懒闲适。下层是一个半地下室打造出的店堂，顺着狭窄的楼梯拾阶而下，展现在眼前的是另一番天地。

店内光线较暗，日间也需灯光照明。白色透明的灯罩造型新颖。里外两进的狭小空间里，不规则地堆砌着各类图书，整个书店逼仄凌乱。以东方人的审美角度来看，除了淡淡的古朴自然、温馨可人的情调之外，这里并无多少奇妙之处。不过店外斜阳西照、人声杳杳，店内游客惬意、清静幽独，倒是别有一种"大道从简"的气韵蔓延其间。

一个帅气的店员在忙着为读者取书、结账。他并不知自己店内的书刊到底有多少品种及数量。我粗略估算了一下，应该不会超出一万册。图书以英、德、法、希腊文为主，偶有日、韩的，中文版凤毛麟角。图书涵盖了社会生活的各个层面。

这家书店也出售自己设计的明信片、笔记本，出版的刊物和多种书籍。

店内有一处景致让我眼睛一亮，在拱形的天花板上，独具

慵懒的猫咪（上有标识：租猫五欧元）

店内琳琅满目的各类图书

匠心的圆型设计中密密麻麻地书写了众多圣人哲理、名人感悟及其他语录。周遭的墙壁上也布满着读者的留言，闪烁着智慧的光芒，让人联想到柏拉图、苏格拉底、亚里士多德等希腊远古的大师们。

关于书店创始人的故事，我也打听了一下。在2002年的春天，还是大学生的书店创始人 Oliver 和 Craig在圣托里尼岛度假，看到岛上没有一家书店，便起了兴致，想在岛上开一家书店，即刻就给只是想象中的书店取了名字"亚特兰蒂斯书店（Atlantis Books）"。

大学毕业后，Oliver、Craig、Tim、Quinn四个男孩和一个曾经的英语文学书店（English Literature & Bookshop）优秀员工Maria聚到这个小岛上着手准备，租房子、申请营业执照、装修、做书架、添书……在2004年的春天，亚特兰蒂斯书店开张了。书店创始人Craig Walzer曾说，对于我来说，书店是一个永远的安宁之地。当你觉得低落、孤单，或想与他人倾诉话语时，书店是归属地和思想迸发的沃土。

书店位于岛的主街，是游客去看日落的必经之路，大部分游客都会慕名而来。

站在书店阳台，面前是一览无余的蓝天碧海，身后是古老的白色城堡，可以看见圣托里尼岛（Santorin）火山岛全景。夕阳西沉时，吹着海风，看着日落，边喝威士忌边读书。

书店还时常组织话剧演出、放映露天电影，来访者累了也可

书店的文明之窗

书店门口的小憩之地

书店外的蓝白世界

以在书店提供的床铺上打个盹儿,生活是如此美好。

书店的墙壁上以漩涡形状写就的人名,都是曾在此驻留过的年轻人留下的笔迹。他们在店家提供的床铺上过夜,并当班看店,作为工作报偿,被免去相应的住宿费用。很多以文学为志的青年们从世界各地相继慕名而来。

我在想,如此一个小书店,无论是场地规模、内外装饰、藏书量还是多元化的经营都与国内的方所、钟书阁、西西弗、果格里等书店相差甚远,与其他世界最美书店的整体状况更是不能同日而语。与其说这里是一个传统图书卖场,倒不如说是一个由爱书人士随意搭建出的一个简易粗放的文化空间。

其实,在地中海这片美丽而神圣的地域中,早就孕育着人类文明之曙光。记得土耳其的以弗所,早在几千年前就有塞尔苏斯的图书馆的存在。相比于西方，我国最早的图书馆源于周朝，称为"盟府"，是专门收藏典籍的机构，距今已有 3000余年的历史。西方图书馆现象也是研究人类文明的重要内涵。资料显示，古罗马时期拜占廷政府高度重视图书馆的建设，因为这是学术研究的重要组成部分。那个历史时期的三大图书馆——塞尔苏斯、君士坦丁堡帝国图书馆、哈德良图书馆交相辉映，人神共享，是西方精神世界的重要文化地标，可惜后两者早已被掩埋在深深的历史尘埃之中。当然，在以弗所屹立了 2000 年之久的塞尔苏斯图书馆，行业人士还会用现代思维思考一个问题——她会不会是"全民阅读"的发源地呢？思绪飞过千年的古迹，我穿越了时空，回到了现实，享受静好岁月，目睹一世繁华，流连于圣托里

在书店二层面朝美丽的地中海

从书店处远眺

尼的亚特兰蒂斯，在书海中寻觅人类智慧的结晶……回到现代文明的今天，理智告诉我：书卷是脆弱的，但文明是亘古的，拂去历史的尘埃，它会传承千秋万代。

此前在我的想象中，她呈现给人们的应该是一种大气时尚、颇具现代感的惊艳。然而，当你"众里寻她千百度"，再零距离亲近她时，感受到的却是她的朴实无华和简约平凡……

作为一个见识过国内若干知名书店的业内人士，我开始质疑国际上一些专家学者们的评判标准。脑海中始终萦绕着一个问题：这个享誉世界最美书店之一的她，到底美在哪里呢？是婀娜多姿的伊亚小镇衬托了她的丰韵？是出类拔萃的设计风格让她一

书店内景

枝独秀？还是谙熟互联网大数据的经营理念使她与众不同？

……好像都不是。

几天的旅程很快将结束，但我的思绪依然在那里游走……

当我背起行囊，恋恋不舍地离开圣托里尼，在游船上凝神远眺落日余晖下岛顶美丽洁白的建筑群落，搜寻那个让许多人流连忘返的小书店的所在，凭海临风，似乎脑洞顿开：

亚特兰蒂斯之美源于她的灵魂。在那个精美绝伦的小镇上，在游人如织的一隅，这个闹中取静的小小的亚特兰蒂斯书店，在默默地坚守着人类文明的不可或缺，在不经意之中凸显传承智慧的执着……几十平方米的狭小空间中，她的承载是如此的深沉而厚重，她的内涵如此之宽广而丰富，超越一切表象。她的大美所在，如同古希腊神话中的女神阿弗洛狄忒！

想必，这正是她能夺得全球最美书店之一桂冠的原由吧。

随着游轮鸣笛的加速，圣托里尼与我渐行渐远，她却让我难以释怀……

日复一日，年复一年，无论时光怎样流转，相信在众神眷慕的爱琴海，圣托里尼伊亚小镇的亚特兰蒂斯书店定会在潮起潮落之间，永不停息地记录着人类悠久的历史和灿烂的文明，如同普罗米修斯的圣火一般生生不息……这也正是我们的期待！ ■

探寻多伦多市中心的书店
——BMV Books

◎ 文 / 廖雨岑

加拿大多伦多市的BMV（Books·Magzines·Videos）书店，如店名所指，除了售卖/回收书本（Books），还售卖/回收二手杂志（Magzines）和各类录像带（Videos）。

书店有位于市中心的BloorSt、EdwardSt和北部的Yonge/EglintonSt的一共三处经营点。相比于其他广为人知的连锁书店，BMV以二手市场特有的低廉价格、内部有趣的装饰风格和丰富的货品可选性吸引了大批读者的光顾。

此行，我先去探访了BMV在EdwardSt的分店，这家分店是BMV现存最老的店铺，开设于1997年。临店一街之隔就是多伦多最大的商圈DundasSq和购物中心Eaton Center，这里是整个多伦多人流最为密集，也是商铺租金最高的地区之一。

所以，对于BMV书店的拥有者帕特里克·亨佩尔曼来说，把一家二手书店开在这样寸土寸金的地方无疑是一种高

风险高收益的决策。据了解，在这家分店的右面曾经是一家在1980年有着世界上最大书店之称的书店World's Biggest Bookstore。然而，World's Biggest Bookstore由于经营不善在2014年正式宣布关闭，其旧址也重建为办公楼，迄今为止还未竣工。反倒是边上"体格矮小"的BMV书店势如破竹，在1999年开了位于北多伦多的Yonge/Eglinton分店，又在2005年开了BloorSt旗舰店。目前，三家书店都在正常运营，为整个多伦多的居民们提供服务。

作为一家位于市中心的老店，BMV Edward店外观整体保留着20世纪90年代的特色，店标设计简洁，字体清晰易读，且直截了当地概括了店铺的经营范围：书、杂志、录像带。

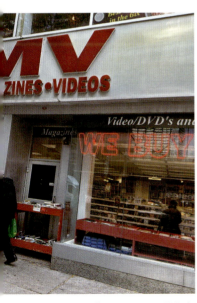

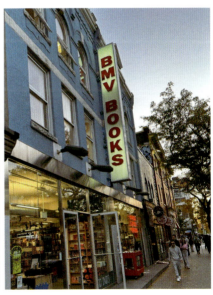

BMV位于EdwardSt的分店　　　　　　　　　　BMV位于BloorSt的分店

① 书店内景，琳琅满目的书籍摆放有序
② 读者在挑选书
③ 印有"BMV"的价格标签
④ 蹲在走道看书的读者
⑤ 书桌和书架上满是畅销书和杂志

　　然而近三十年的光阴也留下它的痕迹，店门口白底红字的招牌边角褪了色，玻璃上的霓虹灯带也出现了老化。又因为路边绿化树和高楼的遮挡，书店在一段距离外看显得不那么起眼。但只要推开门后，你就会发现里面别有一番洞天——卖书的，收书的，人人各有其责，一切都紧凑又有序。

　　店里的读者络绎不绝，且男女老少皆有。虽然大部分读者都在选书，但也有人随意地蹲坐在地上专注地阅读，并没有遭到店员的驱赶。

　　从布局上来看，BMV书店"含书量"极高，充分利用了有限的空间，书店所有的外围墙壁都被一个又一个六层书架包裹，中央则是一排低矮的小桌，挤满了畅销书和杂志。书架与书架之间仅留有三条一人通行的小道。俗话说，麻雀虽小，五脏俱全，书店里的书种类丰富、风格多样。虽然每本书的存量都不多，许多甚至是孤本，但是一些新出版的畅销小说往往有多本库存。

　　大部分书籍是一个品类对应一个书架，热门的漫画和科幻小说则共占一整条书架长廊。即便如此，科幻小说的数目仍有溢出，书柜边的告示称：剩余的科幻小说被放在了儿童书区的架子上。而笔者一年后再次拜访时，这张告示已经被撤下，科幻小说的风头似乎已经告一段落。

书店里大部分的书都被贴上了印有"BMV"的价格标签，写在第一行的为此书原来的销售价格，第二行是它在BMV书店里出售的价格。

这本名叫 *Fight Night* 的畅销小说，原先的出版价格为22加元（约等于115人民币），而现在仅需要9.99加元（约等于52人民币）就可以买到。四到五折的价格在BMV书店属于常态，二到三折的书籍也屡见不鲜。

在书店门口的红色手推车上，状态较差的书籍被堆积在一起，以极低的价格出售，通常售价为1.99加元（10人民币）。在这些书上，BMV标志性的红色标签也被省略了，取而代之的是一种更小的白色贴纸，抑或直接在书扉页上用铅笔写上价格。推车的侧面贴着一张手写告示：低于5加元的商品只接受现金。低廉的

书店门口的红色手推车上都是特价书

价格无疑吸引众多书迷们纷纷前来选购。

除了实体店出售，BMV也与时俱进地提供网购选项。顾客只需要进入官网选择心仪的商品进行付款，就可以在家中静心等待书本送货上门，实在是非常方便。

通过官网了解，原来，这些打着"骨折"销售的书多是从市民手中收购回来的。回收书本并不需要预约，书店附近的市民可以带着他们看完的书籍、DVD或者杂志直接进入任意一家门店，咨询柜台是否能收购。

店门上的营业时间牌上写着周一和节假日的下午不收书，而在其他营业时间里，店员都很乐意接待前来卖书的客人。

门上写着营业时间

BMV会当场对客人带来的物品进行估价，如果交易达成则会支付现金作为报酬，形成双赢的局面——市民用不需要的书换取现金，而书店也可以以低廉的价格获取货品。接下来，书本会根据保存状态和内容被定上合适的价格，重新上架出售。

据了解，目前BVM的三家门店平均每天从市民手中回收

1000本书籍。

本着探索求真的态度，笔者也带着家中搁置已久的三本书籍到书店前台，体验了书本回收的过程。

三本中的两本为莎士比亚的剧本（英文），另一本为讲述物理实验的科学类书籍（中文）。前台的一名工作人员很快接待了笔者，在快速翻阅了三本书后，他提出以5加元的价格收购前两本，并礼貌地退回了我带来的中文书。我追问他拒收的理由，这位店员有些为难地告诉我，这类书籍"很难找到下一位买家"，并快速地给了我5加元现金。

我随后问这位店员，他们是否会对回收的书籍作其他处理，他告诉我，由于书籍保存状况良好，他将直接把它们放在架子上出售，并坦诚地跟我说他打算给每本书贴上5.99加元的标签。

我带来的三本书和卖书获得的5加元

分类标签上画有对应的国旗

科学类书架标签上画有小行星

我观察到，这位先生把我带来的书放在桌子边的书堆的最上方。尽管去的时候还是中午，但书堆的高度已经达到了他的肩膀位置。

除了低廉的价格之外，书店中具有彩绘风格的各类标签、留言也令人耳目一新。书架上方标写书籍分类的纸片为手工绘制，且图案风格与标签的内容相联系。例如：在国家标签上绘制有彩色国旗；科学类书籍标签上绘制有行星图案；爱情类书籍标签上绘制有几颗粉红色的爱心。这些设计包含着经营者的小巧思，为书店增添了一份温馨。

蓝色建筑为Bloor分店，右侧黑色建筑为配套的咖啡馆

充满万圣节元素的装饰

　　这让人不禁思索，大书店中塑料制成的牌子固然结实耐用、清晰明朗；可有时，手写标语营造出的质朴氛围，胜就胜在能让人忘却科技带来的种种杂念，从而静下心来挑选一本书。

　　笔者在BMV Edward分店的所见所闻确实称得上新奇有趣，也不禁勾起了我对其他两家店铺的好奇心。从书店官网了解到位于BloorSt的BMV分店被称为BMV的旗舰店后，我忍不住想知道Bloor分店与去过的Edward分店究竟有何区别？

　　终于能择日去一探究竟。从外观上看，Bloor分店确实比Edward分店高大气派了不少。Bloor分店足足有四层楼，其占地总面积也几乎是Edward分店的四倍，书店的右侧还配有一家BMV咖啡馆，店里还供应饮料和小食。

　　由于万圣节临近，书店的落地窗上装饰有南瓜、骷髅头和蜘蛛的元素，而边上仍然摆有眼熟的红色手推车。

走进书店的内部，放眼望去是数不胜数的书本，但由于空间更加富裕，走道的宽度大了不少。卖书和买书不再共用一个收银台，而是分开管理，地下室也配备了专门的服务台，方便读者询问和碟片相关的话题。

各类商品被进一步分门别类：CD和DVD被统一转移到地下室，漫画和科幻小说则是集中在三楼……

此外，Bloor门店似乎有意迎合年轻消费者的购物习惯。书店的一楼额外增加了售卖桌游、游戏手办、拼图等的货架；二楼也有相当大的一片区域分配给儿童和青少年书籍。值得注意的是，桌游类的商品大多数是全新的，外盒上仍然保留着一层塑料贴膜，似乎并不像回收来的二手产品。此外，这类商品被贴上了独特的蓝色标签，不知是否是商家有意而为。

而保留不变的是BMV书店的手绘标语和书本上的红色价格标签。虽然能看出艺术风格上的差异，但亲切的手绘指示牌仍然在Bloor店起着不可替代的作用。

Bloor分店的藏书量也较Edward分店扩增了不少。在简单地逛了一圈之后，笔者找到了好几本曾经读过的图书，颇有一种突然在街上看到老朋友的幸福感，也更惊叹书店货品之丰富，似乎

① 书店一楼
② 书店回收书专用服务台
③ 书店地下室
④ 书店二楼
⑤ 贴有蓝色标签的桌游

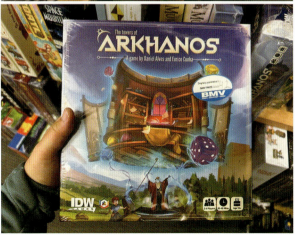

	③
①	④
②	⑤

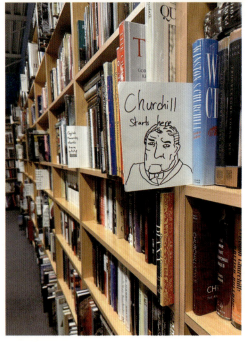

手绘标识也很有特色

不论是什么样的书都能在这里找到。

当然，BMV书店，除了卖书本（Books），还售卖二手杂志（Magzines）和录像带（Videos）。由于笔者对这两个领域了解甚少，在这里就不多赘述。欢迎有兴趣的伙伴前来进一步考察。

综上所述，BMV是一家极具特色的二手书店。在多伦多这一高楼林立、车水马龙的城市里，BMV以它价格实惠、高质量的书籍吸引读者驻足，又用亲切的设计风格和丰富的品类给大家留下深刻的印象。丰富的书品收藏是BMV书店的一大优点，无论是难以找到的旧书还是形形色色的畅销书，在这家书店都能买到。显然，BMV的努力是被本地民众所认可的。加拿大知名的出行软件Google Map的评分里，BMV Books得到了4.7到5的高分。许多民众在评论区赞扬回收图书的行为对"环境有益"，并对自己曾经的体验感到满意。

录像带区

位于蒙特利尔的波特兰书店

◎ 文 / 张岳平

　　蒙特利尔是具有独特法裔文化传统的北美地区最古老的都市之一，是加拿大第二大城市，也是全球仅次于巴黎的第二大法语城市。身处北美，却充满了法式风情，这里的人说法文，法文与英文同为官方用语。这里还拥有独特的文化，老城区的繁华与现代，旧城区的的雍容与古典，大街小巷的美食餐饮，令人眼花缭乱的购物中心和特色小店都组成了蒙特利尔富有激情和文化底蕴的别具一格的面貌。可以说，蒙特利尔将加拿大的现代风格与英国的优雅以及法国的浪漫融合在了一起。

　　不错，那天在蒙特利尔市中心老城区的街头漫步，让我有一种身处欧洲某个城市的幻觉，各种欧式风格的建筑，特别是有着尖顶的哥特式教堂随处可见。沉浸在欧式古老的建筑风格中游览时，一不小心在某个街的拐角处，在旅游区寸金寸土的地方，居然看到了这家波特兰书店（Librairie Bertrand Book Store）。

蒙特利尔书店位于圣皮埃尔大街 430 号

书店的招牌也很有特色　　　　　　　书店促销的招贴及展示

　　波特兰书店位于圣皮埃尔街（ST. PIERRE）430号一栋历史悠久的建筑内，周围环绕几座19世纪中叶的宏伟建筑，石墙和仿古木结构为游客提供了另类的迷人环境。

　　书店的招牌不大，很像中国古典书中插图里高高挑起的酒肆的幌子，招牌设计非常简约，透出温文尔雅的低调。但是，字迹清晰，就是个书店，让我非常意外。

　　"我要进去看看！"我告诉同来的家人。"你去吧，我们在外面等你。"也许他们感觉，满眼的法语书，你看得懂吗？

　　我拾级踩着高高的台阶进入。这家书店外面看门面很小，细细长长的一条，大门细长高大，凹进厚厚的高墙，橱窗也小，拱形。进去之后，里边别有洞天。很多书架，各种图书，灯光暖暖的，工作人员和蔼可亲。波特兰书店是一家独立综合书店，位于法语区，自然为读者提供多种法语和英语新书选择。从小说到纪录片，涵盖所有类型的题材。

进门处有几张宽大的书桌，上面摆着的应该是比较畅销的作品，加上书店正在举办夏日促销活动，这些书籍被摆出更为舒展的姿态，占据更醒目的位置，便于读者选择观看。因为书桌很大，进门时视野开阔，打造出一种置身客厅的效果。临街窗户的自然光线，配合室内并不耀眼的顶灯和落地台灯交叉的光线，形成一种温馨的家的感觉。对了，这个书店本身就不大，和国内动辄几层楼的那种超级书店完全不是一种类型。

穿过"客厅"进入书店的"主题"部分，是一排排高大书架连同图书构建的走廊。中间部分有一个办公桌，后面坐的就是我见到的唯一的店员了。年轻女店员热情洋溢地先用法语你好

宽大书桌上的展陈

顶灯和落地台灯交叉的光线，营造一种家的感觉

（Bonjour），后说英语你好（Hello）和我打招呼。

"你需要找什么书吗？"

"倒没有计划。我第一次到蒙特利尔旅游，突然看到你们的书店，很意外，就进来了。"我这样回答。

"有什么需要就告诉我。"然后她说："如果喜欢书，总有你喜欢的可以遇到。"

"这里有没有介绍你们书店的资料？"我问她。"比如你们书店的历史。"

"哦，我们这个书店有七十多年的历史。"她说。

"比你我都年长噢。"听到我这样说，她看看我这个"老人"我俩都笑了。

她递给我一张书店的书签，也是极其简洁的设计，"你可以拿着它，上面有我们的网站，如果店里找不到合适的书，可以到我们的网站上找，或者购买。"

我向她道谢，给手机设置了静音，轻轻地行走，绕过一排排满是书籍的高大的书架。大概因为不是周末，店里的顾客不多，但零零散散还是有人出出进进。木制的地板，行走起来很安静，没有人语声，游客不多，有的在翻书，有的在轻轻走动，也有母亲带着孩子席地而坐。书架、书籍、书桌，放明信片、小礼品的柱形架，柔和的灯光、雨天插入雨伞的伞形桶……满满的人类智慧，暖暖的温馨环境。忍不住悄悄拍了室内的照片。

当时在手机上查询，这家书店于1952年在蒙特利尔成立，多年来一直位于蒙特利尔老城区，让当地居民和世界各地的旅游人都自豪不已！

因为有家人等在外面，我就没有在书店多停留。随便翻看了几本书，多是英文和法文，也没有特别要买的书，便离开了书店。

我从加拿大返回美国的家里，才开始在书店的网站里查看更多的内容。比如，书店拥有图书的种类、数量。网页上，有书店公布的每月的新书数量，非常清楚，我把英文的网站转换成中文，看到单单六月的成人书籍就有406种，儿童书籍有340种（每种书的数量有多少不知道，但我想应该可以满足大多数顾客的各种需要）。每个月数字略有不同。我查看了2024年5月、4月……2023年12月的图书种类，成年人书籍超过500种。应该是圣诞节期间，人们会购买书籍作为圣诞礼物吧。

当时在书店里并没有看到任何中文书籍。那么，网店有没有中国作家的作品被翻译成英文、法文的？我开始查找。我用作者名字的拼音检索，一查，太多了，我兴奋了。

第一个查的是莫言。把拼音打进去，先跳出来的是《红高

一位推着婴儿车的父亲在书店驻足

也有带着孩子的母亲在此享受亲子时光

梁》，英文版，售价25美元。接着看到很多莫言的作品，如《丰乳肥臀》《蛙》《檀香刑》《晚熟》等，被翻译成各种语言，英语、法语、西班牙语、日语、韩语，也有原汁原味的中文图书。

同时出现在网站屏幕上的有颜歌的作品。颜歌我认识，有一次在网络上讨论王小波的作品，我正好看到她的访谈节目，记得她人在英国，长得漂亮，是一位名副其实的美女作家。

她有两部作品，长篇小说《中国奇异兽》和短篇小说集《别处》在这家书店的网站出售。

张洪凌和我住在一个城市，她有不少译作出版，平时我们各有各的工作，偶尔见面聊聊文学。我把她的名字拼音打进去，一下出来两本：

她翻译的铁凝的长篇小说《大浴女》和王小波的《黄金时代》都在里面。价格好昂贵，《大浴女》售价27.50美元。《黄金时代》的售价则高达130.99美元。

　　波特兰书店拥有的中国作家作品也太多了吧。再试试裘小龙。我们也住在同一个城市，虽不常见，如果有新书发布会，或者我们读书会举办讲座，还是可以见到他的。书店的网站上，他的作品也超级多。我太兴奋了，这家听上去是纯文学书店，居然有这么多中国书，对中国文学这么友好。

　　裘小龙用英文写作的中国的探案故事特别受西方人推崇，从第一部《红英之死》开始的12个系列的探案集作品全部在这家书店的网站有出售。裘小龙真的是一位很勤奋的作家。因为他自己是个诗人，所以他探案小说里的陈探长也会写诗，写得有根有

书店里温馨的环境

据，倒也符合人物的塑造逻辑。

阎连科是我的河南老乡，还是我同学张文欣的好朋友，更是我喜欢的作家，也查查他的书。哇，也超多，《年月日》《炸裂志》《日熄》都有。

今天查阅网站，写下这些文字，仿佛是一个人的狂欢，一个人的找一找游戏，玩得非常开心。我特别为中国拥有这些优秀的作家而感到骄傲和自豪。

不过我心里清楚，中国当代著名的文学作品中，被介绍到海外的只有很少的一部分，对这个书店来说，只占据他们图书的很小一部分，喜欢中国文学作品的西方人，也是小众中的小众。尽管如此，还是有这么多人参与了，认真地做着文化交流传播融合的事情。这是一件让人感动的事情。

我常常这样想，因为网络的便利，因为阅读方式的改变，能够走进去的书店就像那些实体的综合商店一样，慢慢在减少。但是我感觉到这家规模看似很小的波兰特书店，却有着与时共进的顽强的生命力。走得进去的书店我们只看得到部分图书，但摸不到的网站，就像一个无形的坚实的书籍基地，通过这里，引申出一个庞大的书籍世界。这是我们需要的。

其实，波特兰书店最让我感动的地方是：老城区是蒙特利尔著名的旅游景点，周围有很多古老的建筑，游人匆匆，却依然为一家书店留下一席之地，像是一座拥有人类悠久历史的文字纪念碑，为我们保持着一种人类文化历史的尊严和厚重的深度。■

墨西哥瓜达拉哈拉的墨海浮光

◎ 文 / 蔺若玉

瓜城街头艺术掠影

提到墨西哥，你会想到什么关键词？龙舌兰、塔可、仙人掌……

位于墨西哥西部的哈利斯科州，不仅是马里亚奇音乐的发源地，更是全球饮品文化中不可或缺的龙舌兰酒的故乡。它的首府瓜达拉哈拉是墨西哥的第二大城市，素有"墨西哥硅谷"之称，也是该国最重要的文化、经济和商业中心之一。2022年，瓜达拉哈拉市当选为"世界图书之都"，这与它深厚的文化传统、出版业发达以及浓厚的阅读氛围有关。

行走在瓜达拉哈拉街头，仿佛步入了《寻梦环游记》中的梦幻世界，四周被一片绚丽多彩的汪洋所包围，每个角落都充满了生命与活力。正是在这样的氛围中，瓜达拉哈拉不仅被誉为墨西哥的文化之都，还吸引了来自世界各地的出版商和读者。每年举办的诸如瓜达拉哈拉国际书展等重要活动，进一步丰富了这座城市的文化景观。

这种极富创意与生机的文化氛围也自然而然地渗透到了书店和读者的日常之中。瓜达拉哈拉的书店种类繁多，从大型连锁书店到充满个性的独立书店，它们各自呈现出独特的风貌。尤其是独立书店，不仅吸引了众多文艺爱好者和年轻群体，也成为了城市精神生活的重要组成部分。这些书店不仅出售各种文学作品，还经常举办讲座、签售会和艺术展览等活动，为读者提供丰富的精神食粮和灵感创意。它们往往位于市区的核心地带，设计独特，氛围闲适，吸引着那些追求深度阅读体验的读者前来流连。

在这些充满个性和魅力的书店中，墨海书店（Mar de Tinta）无疑是一个独具韵味的文化地标。位于瓜达拉哈拉市中心的这家独立书店，坐落在一条阳光斑驳的林荫小道上，原本是

墨海书店大门

知识与灵感的海洋

一座20世纪的结构主义小洋房。如今，南侧的客厅已变身为一家温馨的咖啡馆，而我们今天故事的主人公——Cristian和Marcela这对夫妻租下了东面的酒吧区，将其改造为如今的书店。曾经用来储存龙舌兰的柜子被巧妙地设计成了书籍的陈列架，琳琅满目的书籍在这个小小的空间里找到了自己的栖息地，成为了这座城市浓厚文艺氛围的象征。

Cristian和Marcela相识于大学时代，两人同为传媒系的学生。毕业后，他们尝试过许多不同的工作，最终在2019年共同开设了这家书店，并很快赢得了当地杂志 *Antiturista* 的赞誉，这家书店被评为"瓜达拉哈拉最美书店"。然而，在书店开业不久后，他们便遭遇了疫情带来的挑战，经营一度陷入困境。

Marcela回忆道："那时，我们通过书店的社交媒体发布新

塞尔吉奥·加尔瓦尔油画《坠落天际的鸟人》

书信息，最终将顾客预定的书籍送货上门。"

　　提到书店的名字Mar de Tinta，字面意思是"墨水之海"或"墨海"。Mar（海洋）通常代表着广阔、深邃和无尽的可能性；Tinta（墨水）则是书写的工具，象征着文学创作和文字的力量。在这里，诗意与浪漫如同海水一样包围着每一个读者，带来心灵的荡涤与启发；每一本书，都是一滴墨水，汇聚成无垠的文字海洋，涌动着知识的潮汐。

　　这家书店从外面看并不起眼，甚至你第一眼看上去可能都不会以为它是一家书店。但是踏进大门的那一刻，你就会发现这里面别有洞天。映入眼帘的首先是瓜达拉哈拉本地的艺术家塞尔吉奥·加尔瓦尔（Sergio Garval）的一幅名为《坠落天际的鸟人》

書香與陪伴：寧靜的閱讀時光

（*Pajarero De Caída Al Cielo*）的画，还有一句卡夫卡的名言：
"我们应该只读那些会咬伤和刺痛我们的书。"

书店的布局虽不大，但在不到100平方米的空间内，巧妙地融合了艺术与功能，给人一种温馨而精致的感觉。每个角落都经过精心设计，生动诠释了将书籍视为艺术品的理念。曾经作为酒柜的书架，如今被用来展示各类书籍，书架上整齐地摆放着从文学到艺术、诗歌等各种类别的作品，每一本书仿佛都是一个小小的世界，静静地等待着读者去发掘与探索。书店的设计不仅注重书籍本身，更强调创造一个适合阅读、思考与交流的空间。在这里，书籍不再是单纯的消费品，而是被赋予了深刻的意义与价值，鼓励人们在阅读中获得精神上的滋养与启发。

老板Cristian分享道，书店的常客大多是年轻人，尤其以女

关于中国的西语纪实文学

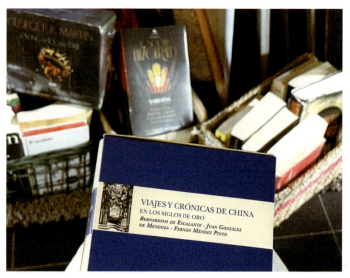

何塞·克莱门特·奥罗斯科《火焰中的人》，卡瓦尼亚斯博物馆

性读者居多。正因如此，店内的书籍以文学、艺术、诗歌等文艺类书籍为主，展现了这座城市文化氛围的独特性。除了畅销书和经典文学作品，这家书店还特别注重呈现来自小型和中型出版社的精品书籍，而它们往往在大型商业空间中难以觅得。通过这种独具匠心的策展方式，书店成功地吸引了寻求独特阅读体验的顾客，成为了当地文化交流和艺术启蒙的重要一环。在游记文学的书架上，我还惊喜地发现了一本有关中国的书，题名为《黄金时代的中国旅行与纪实》。该书由一位西班牙传教士胡安·冈萨雷斯·德·门多萨整理而成，涵盖了16世纪中国的方方面面，如自然资源、建筑风格、仪式与习俗、行政和法律系统，等等。

我请Cristian推荐一本最能代表瓜达拉哈拉的书，他几乎毫不犹豫地从书架上取下了这本墨西哥壁画运动奠基人之一、何塞·克莱门特·奥罗斯科（José Clemente Orozco）的作品集。奥罗斯科，这位墨西哥国民画家，幼年时随家人迁居瓜达拉哈拉，曾在这里生活过一段时间。后来，他与迭戈·里维拉（Diego Rivera）、大卫·阿尔法罗·西凯罗斯（David Alfaro Siqueiros）一同推动了墨西哥壁画运动，旨在将艺术带入公众空间，特别是将它带入工人阶级和贫困人群的生活中。他的艺术不局限于精英文化的殿堂，而是渗透到了街头、广场和公共建筑，成为普通人日常生活的一部分。这些作品帮助人们更直观地理解社会问题、历史脉络及国家的未来。位于瓜达拉哈拉市中心的卡瓦尼亚斯博物馆，就展示着奥罗斯科最具影响力的壁画之一，它的圆形拱顶与奥罗斯科的作品《火焰中的人》完美融为一体。画面描绘了一位被烈火吞噬的男子，象征着人类与毁灭性力量之间的不屈斗争。

随后，Cristian带我走进了书店的"秘密花园"。他推开了一扇门，门上印着英国涂鸦艺术家班克西（Banksy）著名作品《秋千上的女孩》。

门后竟另有一番天地——书店的后院。这里通向隔壁的咖啡馆，你可以在这里点一杯咖啡或享用一份松饼，随意地在沙发上沉浸于属于自己的阅读时光。

在楼梯的过道拐角处，墙上悬挂着一面镜子，Cristian笑着告诉我："这是用来提醒你，每天都要更好地审视自己。"

在与Cristian和Marcela夫妇闲聊时，我提到根据我在墨西哥的观察，这里的书籍价格普遍偏高。我曾经在沃尔玛超市偶然寻得一本马尔克斯的短篇集，看到价格时属实吓了一跳——不到100页的口袋书居然要价超过200比索，折合人民币将近80元。Marcela解释道，这与墨西哥版权购买和翻译的成本较高密切相

英国涂鸦艺术家班克西（Banksy）作品《秋千上的女孩》

关。尤其是学生们常用的教材，大多是从西班牙进口，这些高额的费用通常会转嫁到消费者身上。她接着提到："近年来，中国向墨西哥出口的商品日益增多，越来越多的中国商人来到墨西哥开展业务。比如，西部的曼萨尼约港和拉萨罗卡德纳斯港，每天都有船只载着从中国运来的货物靠岸。或许未来，我们能够看到更多来自中国的书籍和教材进入墨西哥市场。"

窗外阳光透过玻璃洒在桌面上，屋内一片宁静，钟表的滴答声与偶尔传来的汽车引擎声交织成淡淡的背景乐。我们没有急于

书店一隅

打破这份沉默，仿佛每个人都在思索着更深远的未来。

　　恰逢一年一度的瓜达拉哈拉国际书展（2024年11月30日—12月8日），是西班牙语地区规模最大、影响力最广的书展之一，每年这里都会汇聚来自世界各地的数千家卓越出版商，展示他们的精华成果，吸引成千上万的书迷与文化爱好者共同参与。在这样的文化盛宴中，我们可以感受到一股跨越国界、汇聚思想与创意的力量。而其中，越来越多的中国出版机构也开始亮相书展。中国的书籍、文化及创意作品正在慢慢进入墨西哥市场，这也意味着未来，墨西哥的读者将有更多的机会接触到价格合理、内容丰富的中文书籍和翻译作品。这种文化上的互通有无，无疑为两国之间的交流与合作创造了更广阔的空间。

这场知识与灵感的盛宴，不仅是当下书展的缩影，更预示着一个更加光明的未来：终有一日，更多的文化资源与选择将触手可及，让每一个渴望知识的人更加接近他们的梦想。这，也许正是全球化的魅力所在——无论身处何地，书籍都能为我们架起一座跨越时空与地域的桥梁，引领我们走向世界的无限可能，感受不同文化的丰盈与美丽。

墨西哥的故事，犹如一瓶醇厚的龙舌兰酒，散发着独特的香气与力量。它的文化、历史和艺术，不断穿越时空，永不停歇地在世界舞台上书写着属于自己的传奇。未来，这个故事必将跨越沙漠的边界，飞越辽阔的海洋，飘然而至世界每一个角落。那时，哈里斯科州的阳光不再仅仅属于这片大陆，而是成为不同文化与人群心中自由与热情的象征。■

中墨交流的重要纽带：瓜达拉哈拉孔子学院

别具一格的社群书店
Cuba Libro

◎ 文 / 李知玄

　　自 1959 年菲德尔·卡斯特罗领导古巴革命，在 1961年宣布古巴为共产主义国家后（直到今天古巴仍然是拉丁美洲唯一的共产主义国家），在世界闻名的充满魅力的革命家切·格瓦拉的倡导下，古巴自20世纪60年代起进行了一系列的扫盲运动，因此目前古巴几乎没有文盲。然而，由于互联网直到 2019 年 12 月才在古巴民众的手机上普及，还属于新兴事物，目前当地人大多通过手机而不是阅读纸质书籍来获取信息。此外，由于燃料短缺导致整个岛屿电力短缺而引起停电，考虑到由通货膨胀、货币贬值、日用品价格上涨带来的生存困境，购买和阅读纸质书可谓一种奢侈。而在风俗文化方面，古巴不但是世界闻名的以朗姆为基酒的鸡尾酒（例如莫吉托）的发源地，更是对萨尔萨舞的形成产生了重要影响的音乐文化源头，古巴人民喜欢和朋友在马雷贡海滨大道旁一边喝着朗姆酒、抽着雪茄，一边听着萨尔萨舞曲翩翩起舞。这也解释了每年一度的哈瓦那国际书展为何如此成功，不但国际书商和出版社群集，书展期间每晚在 18 世纪修建的堡垒城墙内举行的音乐会更是吸引了成千上万的参观者。

古巴曾经作为西班牙殖民地将近四个世纪，至今以西班牙语为官方语言，因此哈瓦那的大多国营书店只提供当地作家的西班牙语出版物。囿于自身西班牙语阅读水平的限制，作为一名在哈瓦那生活了五年的热爱阅读的外籍人士，我无时无刻不在寻觅价格低廉的英文出版物，而 Cuba Libro 可谓上天赐予的英文书籍天堂。

书店正门入口

来到 Cuba Libro，这是一家售卖英文二手书的书店，也是一家提供美味的咖啡和早餐的咖啡馆，在大部分咖啡馆因为趋向于接待外国游客而价格高昂的普遍趋势下，这里的图书价格相对合理（200 至 1000 古巴比索，相当于60至304元人民币）。 在这里你会发现当地人和外籍人士汇聚一堂。

这家书店位于 Vedado 区 19 和 24街交汇处。Vedado 区是20 世纪初古巴共和时期开发的一个城区。一进门，你就会被沉迷的读书客、学习英语的年轻人、下着国际象棋的对手和愉快的交谈声所吸引，当然也有读者在用笔记本电脑工作，更有孩子们和家人一起玩耍，等等。总的来说，Cuba Libro 提供了一种亲密而友好的氛围，每个人都可以在这里找到自己的私密或共享的空间，快乐地享受一天的流逝。

书店咖啡馆的价目表

书店内按颜色分类的主书架

书店的入口隐藏在一片绿意之中，却很难被错过。

在与 Cuba Libro 的创始人、美国记者 Sarah Conner 交谈后，我得知，自 2013 年书店成立以来，自由、平等、包容的理念一直是 Cuba Libro 的核心。考虑到古巴曾经的历史：长久以来古巴当地人不被允许与岛上的外国游客接触，因为酒店和大多数空间的价格是当地人无法想象的，Cuba Libro 可谓参与到了社会向更加开放与包容转型之中，是一处名副其实的前卫文化空间。换句话说，来到这里你很可能会遇到城里很"酷"的人，或对古巴的历史文化背景了如指掌的人。

穿过露天花园空间（约100平方米）进入室内空间，首先映入眼帘的是书店的标志Logo和书店多年来获得的一些奖项的装饰墙，包括Trip Advisor的推荐标志，在Trip Advisor和Reddit（美国在线社区口碑推荐平台）上搜索后，我发现Cuba Libro是外国旅行者向古巴捐赠（不仅是书籍，还有医疗用品等）的港湾。

书店内部入口处的装饰墙

书店内烹饪书籍（左）与虚构类文学（右）陈列架

室内主沙龙有 50 平方米，被分为 4 个独立的座位区，以此确保客人的私密性不被打扰。

Cuba Libro 拥有约 2000 本二手英文书，包括小说、非小说、儿童读物、烹饪和旅行书籍等。这些书都按不同的区域陈列，并注有类别名。

主书架按颜色而不是按主题陈列，与书店旨在成为混合文化空间相呼应。而书架中心更展示着与古巴特色相关的书籍，包括《劳尔·卡斯特罗领导下的革命——当代古巴读书名录》《古巴哈雷，我的爱》《爱上哈瓦那的 300 个理由》等，肯定会引起那些期待了解更多古巴历史和文化的读者的兴趣。

在 Cuba Libro 度过的时间越长，你就越会发现这个空间的多样性，无论是通过其内容丰富的藏书，或只是观察路过此地而稍事停留的读者。在浏览藏书的过程中，一本名为《古巴制造》的书吸引了我的注意，古巴以其手工艺品制作和 DIY 文化而闻名，书中展示的美观而又实用的物件都蕴含着丰富的历史文化，

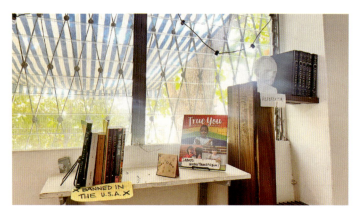

书店内美国禁书陈列展示架

代表着古巴人民的智慧，从书中的访谈中可以发现古巴手工艺品工作者即使面对材料稀缺的现实，也时刻保持着自给自足的民族自豪感。

书店中特别吸引我注意的，是摆放着美国"禁书"的展示书架，旁边矗立着诗人、革命家何塞·马蒂的雕像，他是19世纪末反抗西班牙殖民的第二次独立革命战争的领袖，被认为是古巴的精神之父。这些另类的并置展示不禁让我思绪蔓延，关于1962年以来至今美国对古巴的经济制裁和古巴当下所面临的挑战，古巴精神之父会预见到这个岛的命运吗？这家别具一格的书店绝对是好奇者探索古巴复杂历史脉络的避难所。而此时响起了鲍勃·马利的背景音乐，他于20世纪60年代从邻国牙买加发起了和平与爱的运动。在这里，所有细微的关联都值得被细腻的心灵去一一品味。

在和创始人的交谈中，我对古巴当前读书文化的印象也得到了善意的纠正。显然古巴马坦萨斯省有着手工制书的历史，古巴制造的手作书作为收藏品在世界各地受到推崇。此外，在老城区附近的海滨大道马雷贡（Malecón）上还有一家新开的咖啡馆和一个西班牙语书店（Ágora coffee and books）值得一游。

书店的花园里还有吊床和独特的座位，读者可以在百年老树的树荫下度过一个有意义的下午。

坐在花园中，我遇到了在这里工作了 8 年的书店经理 Alfredo，他对这里的热情从他的声音和表情中彰显出来。尤其是当他谈到周二的 Trivia 比赛（一种源自于西班牙的竞猜游戏）时。过去 5 年来，每周二下午 5 点，书店都会举办知识竞赛，每三个月举办一次由每周获胜者参加的半决赛，每年在 FAC（Fabrica de Arte Cuabano，古巴艺术工厂）举办由 20 支队伍组成的决赛，FAC 是前往哈瓦那旅行时不容错过的当代文化中

书店的座位，有些比较另类

心，提供电影、音乐会和艺术展览等独特体验。每周五，书店沙龙还会举办电影放映，放映后会进行讨论环节，问到会放映什么类型的电影，Alfredo说："从经典到近期的各种类型的影片我们都会放映，只要是能引发讨论的影片！"另外，周日有免费的瑜伽课也不容错过，但名额有限，需提前预约。

Alfredo 最后还提到，"目前这里一共有 10 名员工，他们有固定的工资，同时也能获得利润的分成"。

在与创始人交谈中，我还得知，从 Cuba Libro 成立之初，捐赠计划就已被包含在内，例如Cuba Libro 收集了来自国外的捐赠，并向公立医院运送急需的医疗器材；在过去十年中，他们还向当地人捐赠了 40000 多个避孕套，因为这些是当地药店中很难找到的稀缺商品。入口处还放着"阅读很性感"展示牌，这个概念很是巧妙，一反阅读给人的刻板印象 。

书店被列入世界150家必去书店的文章

Cuba Libro被定位为社群中心的其他计划还包括组织海滩清洁、动物救援行动、一对一英语辅导（与哈瓦那大学的美国交换生合作），等等。古巴人都是咖啡的忠实爱好者，但随着咖啡价格的上涨，很多古巴人无法承担每天一杯咖啡。为了进一步将Cuba Libro 融入周围的社区，书店向读者募捐100 古巴比索，并与古巴社会工作者合作，向社区宣传，欢迎当地人随时光临并免费喝一杯咖啡。这个项目被命名为Café Leal，取自著名历史学家Eusebio Leal的姓氏。众所周知，Leal曾作为哈瓦那老城修复工程的负责人。在他的监督下，哈瓦那老城被联合国教科文组织在1982年列入世界文化遗产。在疫情之前，这里也曾被用于时装秀和艺术展览。在疫情休业两年后，创始人决定重新专注于书籍的分享，以书籍作为联结有着共同兴趣和激情的社区群体的桥梁。

当夜幕降临时，这里的室外空间变得更加私密，可以与同伴或新结交的朋友分享。

无论是为了寻找英文书籍，还是对古巴的历史感到好奇，或者只是想在郁郁葱葱的绿色中，在文化交织的氛围中享用一杯卡布奇诺，来到这里就意味着对当地社区进行了些许贡献，并支持着那些每天以别具一格的新颖思路为当地发展而奉献的人们。◼

Linden小镇的Books Galore 书店

◎ 文 / 倪延硕

书店门面的装饰很简朴

提到南非，你会想到什么？充满生机和野性的广袤大草原、自由行走的野生动物，还是美丽的彩虹之国？

南非人对自己文化的认同，很大程度上体现于他们浓厚的阅读文化中，这也是他们一直引以为傲的。据南非国家图书馆发布的2023年全民阅读调查显示，南非有83%的人有经常阅读的习惯。南非的德班于2017年被联合国教科文组织授予"文学之城"的称号。在南非的经济中心约翰内斯堡，就有大大小小的书店上百家。在这里，经常能够在咖啡屋里看到手捧纸质书、沉迷于阅读的人。

约翰内斯堡近郊Linden小镇的第四街区是当地最繁华的一条街道，在道路尽头的拐角处有一家并不起眼的书店，Books Galore 书店。

虽然街上人来人往，书店里却是一片安静的天地。客人并不多，他们在并不宽敞的一排排书架间寻找自己喜欢的书，偶尔会传来几句店员问候进门客人的声音，以及收款处收款机扫描书上二维码时发出的"哔哔"声。在Linden街区闲逛之后，拐进这家书店，寻找自己心仪的图书，亦不失为放松身心的好去处。

这家书店门面不大，装修古朴，大大的Books Galore店名下面是老式的乳白色木门，里面的书架大多也是老式木架结构，与地面灰暗的地砖相呼应，让人感觉是穿越到中国20世纪80年代乡镇里的书店。只有收款处附近儿童图书专区的书架被涂成非常鲜艳明快的颜色，给整个书店增添了些许活泼的气氛。

这家门店的经理克里斯既是一名商人，又是一个书迷。他选择在Linden开设书店，既看中这里的客流量，又看中这里的环境。书店周围有餐厅和精品店，几步远的地方还有一家装修精美

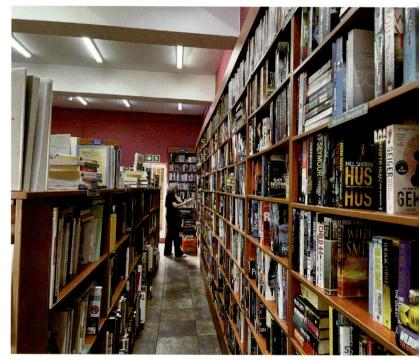

书店内部大多是这种木书架

　　的咖啡屋，里面提供宽敞的可供阅读的地方，书墨香和咖啡香从来都是共通的。

　　Linden 小镇的Books Galore书店面积不大，约有80平方米。小小的空间里挤进去高低不同的30多个书架。这里的书虽然很多，书架看起来也比较拥挤，但书的摆放还是有讲究的。所有的书都按照门类摆放到不同的区域。在同一区域的书，还都按照书名的字母顺序摆放，查找起来非常方便。如果找不到，还可以请店员帮忙。如果你愿意，也可以在进门处进行登记，留下电话号码和自己喜欢的书的类别。如果书店新进这类书，店员会在第一时间电话联系你，方便你来查阅购买。或许，你能找到很多有收藏价值的书，有的书还有作者签名。

Books Galore是南非的一家连锁书店，成立于1991年，以前主要经营二手书籍。最近几年，他们开设了专门的书架，销售新书。目前共有15万册书在售。Books Galore在约翰内斯堡共开设了八家书店，Linden门店是其中一家。读者在书店也可以把自己的旧书拿来卖掉或捐给他们，用自己的旧书到书店里进行交换。

这家书店只收购五年以内、书况良好的旧书，名著或者非常流行的书可以放宽条件。书店里旧书价格为100至300兰特（约40至120元人民币）。有一些比较稀缺的旧书，价格会达到2000兰特（约800元人民币）。

我在南非做记者已经六年有余，闲暇时喜欢逛二手书店，也

收款处附近的儿童图书区书柜鲜艳明快

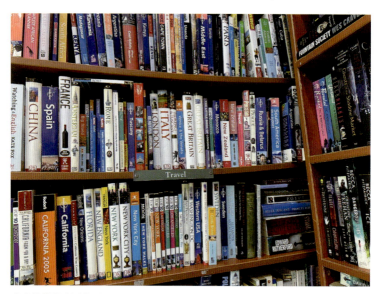

书店的旅游类图书区

书架满满当当

喜欢阅读旧书。和陌生人读同一本书，会产生一种与陌生人共情的感觉。因此，我每次到Linden来，必定要拐进这家书店，有时候并不一定非要买书，我更喜欢这家书店的氛围。徜徉在书海里，寻找自己喜欢的书，本身也是一种享受。在这里，有一些是非洲作者写的书，但是大部分是欧美作者的图书。偶尔也能找到几本关于中国的书，那是必须要买回去的。

南非文学受欧美影响很大，与其几百年的被欧洲殖民的历史有关，欧美的图书在南非很受欢迎。中国的书以旅游、美食和文化介绍类为主。最近几年，一些非洲作者的书也日渐兴起。比如，南非另一家连锁书店Bridge Books就以销售非洲作者的书为主。

这里的书有很多是军事题材和艺术类的，也有一些人物传记、当代名著、小说和儿童类书籍。经理克里斯对此非常满意。"到书店寻找书籍的读者，其实也是踏上了一场发现之旅。我们总能给他们带来惊喜。"他说。

旧书的魅力不仅在于享受淘书的过程，还有它们低廉的价格，甚至可以讨价还价。对于那些通过捐赠收上来的书，书店会以很低廉的价格销售，通常在100兰特以下。

"现在，书好卖吗？"我问他。

"还可以。我们周边的人还是喜欢读书的。"他回答。接着，他随手拿起一本书，是威廉·萨默塞特·毛姆的短篇小说集。他向我介绍作者是如何周游世界，记录下他所遇到的人的故事。他还向我介绍了南非作家劳伦·伯克斯的故事和她的几本书，比如《异见者：南非女杰传》（*Maverick: Extraordinary Women From South Africa's Past*）和《非洲之路：南非新写作》（*African Road: New Writing from South Africa*）。

"如果你想了解南非，一定要多读一读南非作者的书"。

随着手机和平板电脑的日渐普及，人们阅读的方式也发生了变化，越来越多的人开始转向在线阅读，这也影响到了实体书店的经营。这里的店员马塞尔也感觉到这种变化。

马塞尔和同事保罗平时每天在书店工作7个小时，从早上10点到下午5点，周日到下午2点就下班了。她的工作很轻松，就是整理书架和帮客人找书。她说很喜欢这份工作，毕竟和爱书的人在一起，本身也很快乐。

"我们这里，周末人会多一些。在工作日的时候，虽然每天进来的人很多，但每天买书的差不多只有十多人"，马塞尔说："虽然手机和平板阅读很方便，但还是有很多人喜欢手捧纸质书，他们喜欢这种感觉，这种感觉是拿着手机阅读时体验不到的。"

每年的12月是书店一年中销售最好的月份。由于临近圣诞节和新年，很多人到书店买书。书店也适时推出打折等活动，吸引更多的读者前来。"在圣诞节来临前，有些人甚至一次买二三十本书，以便他们能够在长长的假期里有书可读"，马塞尔显得很高兴。

马塞尔认为，这家书店不仅给当地社区的居民提供了阅读的资源和环境，她也很享受当地读者给她的回馈。"看着他们拿着书离开这里，我也感到很高兴。他们得到了精神食粮，我们也能够生存下来"。她认为，Linden小镇阅读的氛围还是不错的。"你可以去旁边的咖啡屋看一下，很多人在这里买了书，在那里点上一杯咖啡，手里捧着书，一坐就是一上午"。

在周末，书店还会不定期举办活动，比如陪孩子阅读的活动和不同类型的书展等。

为适应日渐兴起的网络购物潮流，Books Galore在2012年也开设了网上书店 Hardcopy Books，在各家店面摆放的图书，同时在网上销售。读者可以从网上书店查阅，再到实体书店购买。

Linden小镇上的这家Books Galore确实比较独特，如果有机会到约翰内斯堡，记得来这家书店逛逛，相信会有所得。■

马塞尔（左）在帮一位读者找书

图书对民众来说还是个奢侈品

◎ 文 / 李冠杰

穿过"城市之门",进入非洲第一大国尼日利亚的首都阿布贾,映入眼帘的是自然景观与人文建筑相得益彰地交相融合。阿布贾气候宜人,一年中分为旱季和雨季,温度在摄氏30度左右,但昼夜温差很大。旱季的白天穿T恤衫都觉得炎热,当地人则通常身着长袍,到晚上却要添些厚衣服甚至披上羽绒服。到了雨季,常常是每日一雨,但雨过天晴地皮干,蜗牛和蜥蜴也赶紧出来觅食。这里空气清新,生活节奏缓慢,若是疟疾等传染病得以控制,它绝对是世界上最宜居的城市之一。

尼日利亚于1960年从英国统治下获得独立,到20世纪70年代,将位于沿海的首都拉各斯内迁位于尼日利亚正中心的阿布贾,在日本著名建筑设计师丹下健三的灵感创意下,笔直的道路和现代建筑元素让这座城市充满了时代感。1991年年底,阿布贾正式成为尼日利亚的首都,它除了作为尼日利亚全国的政治中心之外，经济和文化领域的建设也在稳步提升。

我不清楚阿布贾的读者多长时间去一次图书馆或书店，但显然他们专门去阅读的频率并不太高。尼日利亚人的识字率较低，据估计不到70%。不识字影响着人们对书籍的需求，当地有学者感叹道，图书真的成了濒危物种。

阿布贾没有像样的图书馆，文化基础设施建设非常薄弱。尼日利亚国家图书馆总部设立在阿布贾，联邦政府早在2006年就着手建设，但因缺乏后续资金投入至今仍未建成，其烂尾楼宇成了鸟类和爬行动物的栖息地。

政府有推动文化建设的雄心，但缺少投入大量必备的资金。尼日利亚的报纸媒体和相关组织不断呼吁国家提升对教育和图书馆的重视程度。面对政府行动缓慢的现实，私人书店凭借其灵活性深入阿布贾的街区，也多少承载了图书馆的功能。

在阿布贾，要是想找一个标志性的豪华书店去逛逛，你绝对会失望。一方面是没有这样的大型书店，另一方面是地点的确很难寻觅。阿布贾没有书店一条街，很多书店坐落在犄角旮旯，或许在一座破旧的楼房中转几个弯才能找到。不过，书店内的确很安静，因为没有马路上的噪音和喧嚣，更因为逛书店的人不多，甚至可以说是罕见。但若把这里设想为读书的理想地，你便错了。在书店里，空调、吊扇和日光灯是有的，但经常会遇到停电。当你顶着炎热或者潮湿在不太明亮的灯光下去阅读一本书的同时，还要防止蚊虫叮咬，你怎能心无旁骛地沉浸其中呢？

有些精明的书店店主一定开展过实地调研，他们把书店开设在大商场、大市场、购物中心里面或者附近，借助消费者的购物流积攒些人气。在中央商务区的南北两侧，店主们开设了自己的主题书店。这些店铺从外面看破旧不堪，但内部装修还算过得去，毕竟图书需要干燥、清洁的空间来存储。

宗教书籍几乎是每个书店的必备图书，因为这种图书有着庞大的读者市场。尼日利亚是个笃信宗教的国家，绝大多数民众信奉伊斯兰教或者基督教，穆斯林在人数上要多于基督徒。在阿布贾，有专营伊斯兰教书籍的书店，也有致力于基督教书籍的书店。塔比亚书店（Tarbiyah Books Plus）是一家主要为穆斯林提供服务的书店，旨在提高信众个人的精神修养。洛克基督教书店（Lokay Christian Bookstores）从名字看就知道，这是一家主要为基督徒服务的书店。

在上帝之角基督教书店（The Lord's Corner Christian

上帝之角基督教书店

流浪山庄书店在路边树立的广告牌

Bookshop）的宣传横幅中，人们可以看到对《圣经》的宣传，店主称赞聪明的人才研究和阅读《圣经》，以此鼓励基督徒购买《圣经》读本。

当然，宗教书店的受众基本是稳定的，毕竟有宗教信仰者占绝大多数，且改宗的人并不多。那些宗教书店非常注重对儿童的引导。无论是《古兰经》还是《圣经》，除了各种不加注释的版本外，还有专门为儿童开发的通俗读物，旨在教他们怎样阅读宗教经典。

不过近年来，阿布贾的书店也有新的变化趋势。宗教图书固然有很多受众，但一些国际畅销书更加吸引人们去阅读。流浪山庄书店（Roving Heights）是一家最初在拉各斯成立的家族企业，后来把业务拓展到首都阿布贾，该企业在乌赛区（Wuse）

和加尔基区（Garki）各开了一家书店，店内装修具有现代感。

"流浪山庄"（Roving Heights）这个词容易让人想起《呼啸山庄》（*Wuthering Heights*），与勃朗特三姐妹类似的地方是，流浪山庄书店是埃伊南（Eyinade）家族中的三人联合成立的，大概是考虑到书店就像一座流浪的山庄才取了这样诗意的名字吧。不过，这倒让书店增添了几分优雅，文学味十足。书店的发起人显然具备经营现代企业的理念，他们在路边设立广告牌，标明地址、网站和电话，以"买最好的书"这类最简洁的语言吸引读者。

流浪山庄书店的玻璃墙上悬挂着格劳乔·马克斯的名言

流浪山庄书店更加倾向于摆脱宗教的羁绊而走向现代世界，它在店内张贴的名人名言不再劝告人们去阅读宗教经典，而是关注书本身和书中的智慧。海明威的名言"没有比书更诚实的朋友了"、格劳乔·马克斯的名言"书是除狗之外人类最好的朋友，但真正读懂它就太难了"都被搬上了横幅。

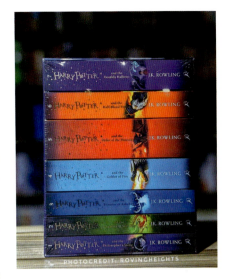

书店销售成套的"哈利·波特"

流浪山庄书店的广告和格言体现了经营者对图书的理解。这里的图书更具国际化和前沿性，尤其是经常见到欧美的畅销书。名人传记、儿童文学、小说历史、政治社会，以及有关尼日利亚的政治、经济和历史的书籍，在这里都可以找到。由于互联网和手机的普及，阿布贾的书店也可网上售书和预订图书。通过书店，人们可以购买到欧美最畅销的图书，而且价格倒也不一定比国外高出好几倍。

尼日利亚的官方语言是英语，因此尼日利亚人可以阅读英语世界最前沿的图书，只要有钱买到的话。从流浪山庄书店2020年公布的畅销书名单看，尼日利亚人对自己民族的文化修养倍感自信。这里有英裔尼日利亚作家巴巴洛拉的《精彩爱情》（*Love in*

Colour），有尼日利亚经济学家、WTO总干事伊维拉的《妇女与领导力》，还有美国前总统奥巴马的回忆录《应许之地》等。

仔细查看这份书单，我们会找到一位尼日利亚的文学巨人。他便是1986年非洲第一位诺贝尔文学奖得主沃莱·索因卡（Wole Soyinka），榜单中的《世上最快乐之人的编年史》是他的第三部小说，但距离上一部已有近半个世纪。

尼日利亚不缺文人骚客，他们在英语世界也取得了一定的地位。逛阿布贾的书店，你会感到尼日利亚的文化软实力已经远超

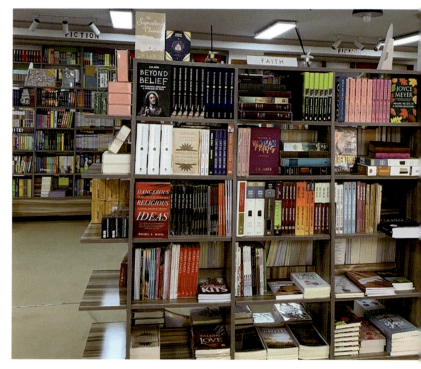

书店内干净整洁的书柜

其在基础设施上的建设能力。只有在首都阿布贾看到数十年都未完工的尼日利亚国家图书馆时，才会切身感受到尼日利亚普通民众的无奈。

图书馆是公共物品，虽承载着国家和民族的记忆，但它无法填饱民众饥肠辘辘的肚子。别说举全国之力都无法快速建造起一座国家级图书馆，即便大楼建成了，光维护正常运转就需要投入大量的人力、物力和财力。从这点来说，政府拖延建造国家图书馆使得每年都节省了数亿奈拉的资金。

那么图书事业的发展和运营就交给民间社会吧，睿智的民众总能想到办法让尼日利亚文化向前发展。他们借助英语语言的便利与欧美文化无缝对接，在2亿多人中催生一个精英阶层，让他们代表尼日利亚发声和发展。可以说，阿布贾的书店服务的是尼日利亚的精英阶层，图书对普通民众来说就是个奢侈品。要知道，2024年7月之前，尼日利亚的普通人还在为每月30000奈拉的最低工资标准而努力，而这点钱也许只够买3本书。

再说了，图书只是文化的一部分，尼日利亚还有与好莱坞、宝莱坞相媲美的瑙莱坞，人们亦能从成本低廉的电影中找到乐趣。更何况，还有音乐、绘画和足球呢！尼日利亚人有大国梦想，而这个梦想将由拥有巨大人口红利的尼日利亚社会来推动。尼日利亚年轻人从来不缺活力、动力和创造力。■

大阪书店：城市的文化底色

◎ 文/王　焰

　　2025年3月底去大阪公务出差时，正是樱花烂漫的时节。但今年天气有些冷，接我们的夏先生说，大多数的花还没有开呢。我说，我有更重要的任务要办，要去书店看看，请他推荐一下。夏先生早年毕业于东北师范大学中文系，是个爱读书的人。他马上说，大阪有好几家连锁的大书店，他都有会员卡。这些书店的服务特别好，想要的书如买不到，只要到书店里登记一下，店家就会负责帮忙采购好，再通知去取，所以特别方便。他说，离我们住处不远的地方正是近铁商业中心，有两家大型书店分别处于天桥两侧的商场里，正好可以安排半天时间去看。

　　隔天上午，我和同事朱华华就专门安排时间前往。大阪的书店要上午10点才开门，我们一早就跟车出去，车行到四天王寺后把我们放下。夏先生指着前面的高楼说，书店就在那里面，这会儿书店还没开门，你们正好可以看看这个古建筑。

淳久堂书店近铁阿倍野Harukas店

　　四天王寺是日本最早的佛教建筑之一，古朴而庄严，五重塔是其中的主要建筑。清晨的游人不多，我们转了一圈就出来往书店走，走到商场，正好赶上开门。首先去的是在商场8楼的淳久堂书店近铁阿倍野Harukas店，我们沿扶梯上去，标引很清楚，很容易就找到了。

　　一眼望去，书店的规模令我吃惊，足有上千平方米。在书店入口醒目的地方，有一张图书布置图，标明了书店各区域图书的摆放位置，儿童书、学习参考书、地图，以及社会、人文、医学、理工、艺术、文学类书籍，等等，读者可以按图索骥，直奔主题。空间布局为多维度分类，形成了"知识矩阵"。

　　日本的图书封面大多色彩艳丽，夺人眼球，所以更觉得丰富

淳久堂书店图书布置图　　　　　　淳久堂书店内景

多彩。尤其是64开的口袋书，占据了好几排书架。而童书专柜装点得格外温馨，动漫书更是体现出浓郁的日本特色。

　　我重点关注的是该店的教科书和教辅材料部分，不仅品类多而全，且分类细致，小学、初中、高中、大学，以及出版社等各种信息标注明了，图书排列清晰。特别是书架上挂着"大阪府2025年度中小学使用教科一览表"，给了读者以极大的方便。所以，尽管图书品类繁多，但因动线合理，找书应该很容易。

　　看到种类丰富的教辅书，对比国内，感觉日本分类更细致，内容更多是针对知识点学习，考试用书似乎少一些，书名也比较平实，感觉学生的学业负担不轻，一定也相当"卷"。各种"学习攻略"看得人头晕，想来当学生在哪儿都是不容易的。

另外，各家出版社的文库都是书店的特色。讲谈社文库、文春文库、角川文库、集英社文库、小学馆文库、宝岛社文库，凡此种种，多为小说等文学品类。经查资料，日本书店文库本占总销量的45％。64开的文库本契合日本通勤文化特征，口袋书的定

大阪府 2025年度 小・中学校使用教科書一覧表 2-2		小 学 校				
地区名	市区町村名	国語	社会	算数	理科	英語
堺	堺 市	光村	日文	東書	啓林	光村
高石	高 石 市	光村	日文	東書	東書	啓林
泉大津	泉 大 津 市	光村	日文	東書	学図	光村
和泉	和 泉 市	光村	日文	日文	啓林	啓林
泉北	泉北郡 忠岡町	東書	日文	教出	東書	光村
岸和田	岸 和 田 市	東書	日文	東書	教出	三省
貝塚	貝 塚 市	光村	教出	教出	東書	啓林
泉佐野	泉 佐 野 市	光村	日文	東書	啓林	教出
泉南	泉 南 市	東書	日文	日文	啓林	光村
阪南	阪 南 市	光村	教出	日文	啓林	東書
泉南郡	泉南郡 熊取町・田尻町・岬町	光村	東書	日文	啓林	光村
大阪教育大学附属 天王寺	(小)国立(大阪市阿倍野区)	光村	日文	日文	啓林	光村
大阪教育大学附属 平野	国立(大阪市平野区)	東書	日文	学図	東書	光村
大阪教育大学附属 池田	国立(池田市)	光村	東書	啓林	啓林	三省
(小)追手門学院	私立(大阪市城東区)	光村	東書	日文	啓林	三省
ヴェリタス城星学園	私立(大阪市中央区)	光村	日文	啓林	東書	光村
城南学園	私立(大阪市東住吉区)	光村	教出	啓林	啓林	啓林
帝塚山学院	私立(大阪市住吉区)	光村	東書	教出	啓林	啓林
建国	私立(大阪市住吉区)	光村	東書	啓林	啓林	啓林
大阪金剛インターナショナル	私立(大阪市西成区)	東書	東書	東書	大日本	光村
箕面自由学園	私立(豊中市)	光村	日文	学図	啓林	東書
アサンプション国際	私立(箕面市)	光村	東書	啓林	啓林	東書
(小)関西大学初等部	私立(高槻市)	光村	東書	啓林	大日本	三省
関西創価	(小)私立(枚方市)	光村	東書	東書	東書	開隆
香里ヌヴェール学院	私立(寝屋川市)	光村	東書	学図	大日本	三省
四條畷学園	私立(大東市)	光村	東書	啓林	啓林	東書
ＰＬ学園	私立(富田林市)	東書	東書	啓林	啓林	東書
(小)四天王寺学園	私立(藤井寺市)	光村	日文	啓林	啓林	光村
賢明学院	私立(堺市堺区)	光村	日文	啓林	啓林	啓林
(小)利晶学園	私立(堺市堺区)	光村	日文	啓林	啓林	啓林

教科書と学習参考書の専門出版社
㈱新興出版社啓林館

图书信息标注

①② 种类丰富的教辅书

③ 小学馆文库

④ 东野圭吾的书

价均为880日元（约人民币42元），形成了轻量化的消费模式。还有许多东野圭吾的书，被放在醒目的位置上，封面大字"100万部突破"，极抓眼球。文库的书主要是大众阅读类，更学术一些的图书，如古典文学、诗、现代文学等，则另有专柜。

现在的热门话题"人工智能""AI生成"等各种新书亦有专柜，其中一本《猫生成AI》，感觉很有趣。此为AI新著，月销破万册。在入口处的"淳久堂书店"几个大字下，摆有一些文创和绘画作品，另外摆有几台"检索"电脑，可以查询相关资料。

从淳久堂书店出来，去了对面商场的纪伊国屋书店天王寺MIO店，该店也是日本的大型连锁书店，成立于1927年，目前在日本拥有59家分店，遍布各主要城市。书店实行会员制度，会员的积分可在实体商店、网上商店使用。接待我们的夏先生就是这家书店的会员。其300万的活跃会员贡献了75%的销售额，且复购率达60%（2023年财报），印证了服务粘性，形成了私域流量护

纪伊国屋书店天王寺MIO店

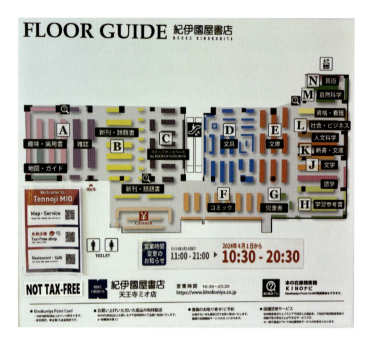

纪伊国屋书店图书布置图

城河。

　　相比淳久堂书店，纪伊国屋书店的"书店大卖场"感觉更浓，书的品类更丰富，涵盖文学、哲学、理工等各个学科的书籍，同时设有艺术、设计、摄影、旅游等特色书籍区域。

　　这么多的图书摆设，体现了书店精细化管理的特色。比如日本历史图书区域，插有各类标签：民俗学、文化史、古代中世、近世（江户时代）、近代（明治、大正）、考古学、古事记。世界史区域又分别插有：中国、韩国、朝鲜等标签。

　　关于中国的译著，看到的标签有：韩非子入门、论语、易经、中国古典名著50种等。

当然还有按作者名称进行分类的：村上春树、百田尚树、宫城谷昌光等。

此外，纪伊国屋书店自己也出版图书并设有专柜，体现了书店经营多元化的一面。经查资料得知：纪伊国屋书店自营出版物销售占比12％，形成"渠道+内容"闭环。其《和装本入门》一书曾获2022年日本出版文化奖。

纪伊国屋书店不仅仅是图书销售的场所，更是当地文化传播的重要平台。书店经常与当地的各类团体和教育机构合作，举办各类文化活动，促进文化交流，激发市民的阅读热情，提升了整个城市的文化素养。比如2013年，村上春树翻译的《海外短篇小说选集》出版，就是在纪伊国屋书店进行宣传推广。2024年，为纪念羽生结弦的 *Professional Senson 2* 杂志发售，书店举办了

插满标签的历史图书　　　　　　　　　　　　　　　新书区域

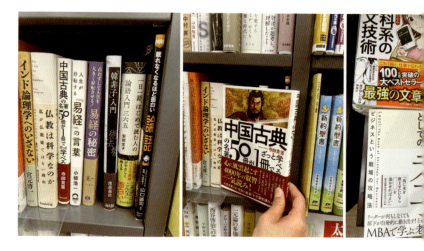

中国译著

特别展览，吸引了大量羽生结弦的粉丝前来，书店为此活动特别延长了营业时间至23：00。此外，东野圭吾、宫部美雪等作家也在书店举办过签售会和讲座。2023年，纪伊国屋举办文化活动达2300场次。

连续逛了两家大型书店，走下来有两三个小时，实在是很累了。总体感觉是：这些书店就如同图书大卖场，经营特色主要是图书品类丰富、服务细致，没有噱头，也没有过度的装潢，除了少数文具和贺卡，也没有特别的文创产品，所有书架都满满当当地摆满了书籍，是真正意义上的书店，没有在空间上作特别的装饰和美化。这也给我们带来了思考，目前不少书店总是以"最美空间"作为吸引，在装修上大下功夫，图书品类和内在服务则差强人意。所以，在失去网红价值之后，就失去了买书的人群。

日本这两家书店得以长期生存，恰恰是因为回归了书店经营的本质。日本书店践行"内容密度优先"原则，单店SKU为8至12万种（中国的大型书店一般为3至5万种），形成"知识仓储"效应。图书以平面密度营造知识压迫感，如纪伊国屋心斋桥店每平方米图书陈列量是茑屋书店代官山店的2.1倍。我们在书店里看到往来人群是以选书购书为主，而不是打卡拍照，留个纪念。此外，书店虽大，但非常安静，购物环境也非常友好，服务员的态度都很认真而专业。大阪书店执行的是"无干扰服务"策略，员工的主动服务频次小于0.5次/小时，创造了沉浸式的选书环境。数据显示，静默环境下顾客停留时间普遍会延长40%。

我们从书店出来，楼下就是JR线天王寺地铁口，因此也能深刻感受到，在黄金地段的大商场内有规模如此之大的书店，一定

纪伊国屋书店内景

有着极具内涵的经营之道。

　　近期正好看到新闻，坐落在上海江宁路上的茑屋书店因多种原因宣布关闭。我们在大阪的时间有限，公务亦很紧张，没有时间去大阪茑屋书店看看。这么有名气有影响力的书店，其在上海的分店关闭，对我们书业的人来说，当然觉得可惜，对读者来说，也一定有失落感。记得我第一次慕名而去上海另外一家茑屋书店——上海上生新所茑屋书店的时候，因要进去的人太多而需要预约才能进门，竟然未得入内，后来总算又择机去了一次，空间自然美轮美奂，审美品味一流。

　　江宁路的茑屋书店的关闭折射出"第三代书店"悖论——当空间关系溢价超过内容价值时，打卡经济反噬主业。眼下很多书店其实是以咖啡、文创等经营为主，图书反而成了陪衬，有些店

纪伊国屋书店路边店

甚至书还没有文创用品多。政府出台了许多政策支持实体书店，落点应该还是在"书"上。相较于国内的补贴政策，日本更侧重于制度性保障，如日本《出版文化产业振兴法》规定，商业体必须预留文化设施空间。因此，大阪的淳久堂书店和纪伊国屋书店这两家老字号店，不仅在日本国内多有分号，甚至开到了国外，实现了国际化，纪伊国屋书店在纽约、悉尼亦有分店。

窥一斑而知全豹，从大阪的书店来看，坚持经营主业，跟上时代发展，从线下到线上，从读者到会员，无不体现了文化守夜人精神，书店"选书师"制度构建了独特的选品哲学，这种专业深度恰是我们的书店有所欠缺的地方，其经营之道值得我们借鉴。

下午公务结束，坐车返回宾馆的路上，俨然见路边有很大的招牌"纪伊国屋书店"，这是纪伊国屋书店在大阪的另一家分店，遂请司机靠边停车，我们很快进去浏览了一遍。这家店是路边店，规模也很大，图书堆得像小山一样，略显拥挤，买书的人显然比商场店的人多，且分类很齐全，可见此店的整体定位是比较一致的。

此时华灯初上，门口招牌一如其他商店发出明亮的光彩。据说纪伊国屋招牌的恒常亮度为5000K色温，相比其他商店的装置色温更温和，契合知识空间的理性光辉。这正是大阪城市的一抹亮色，也是城市的文化底色吧。■

探访心仪的大阪淳久堂书店

◎ 文 / 蔡莉萍

大阪城公园天守阁

金秋之际，是观赏日本红叶的好时节，每一处景点均展现出别具一格的秋日韵味。

大阪（OSAKA）作为日本的第二大城市，是一座历史悠久、文化遗产丰富的古城，见证了关西乃至整个日本在过去数百年间的沧桑巨变。漫步在这座城市中，游客既能感受到市井的繁华喧嚣，又能体会到静谧庄重的氛围，大阪无疑是一座名副其实的宝藏城市。大阪游览区域相对集中，作为连接关西周边城市如京都、奈良、神户等地的交通枢纽，占据着举足轻重的地位。因此，它成为展开红叶之旅的理想目的地。

在枫叶绚烂的季节里，除了领略自然风光之美，作为图书从业者，在此次日本大阪之行中，我尤为期待的是淳久堂书店。据悉，即便对日语不甚精通的访客，亦能在此书店中流连忘返，享受一段愉悦的阅读时光。

淳久堂书店是日本一家规模较大的连锁书店企业，在1963年创立于神户元町，原名大同书房。1976年迁移至三宫，更名为淳久堂书店。淳久堂书店秉持的经营理念是致力于打造类似于图书馆的购书环境。

淳久堂书店池袋店是东京最大的书店，开在大阪的淳久堂书店难波店被指定为2025年大阪关西世博会的官方指定商店。书店地理位置优越，位于大阪府大阪市浪速区凑町1-2-3的丸户难波大厦三层。其营业时间为每日上午10:00至晚上9:00。

2024年11月27日造访该店时，我被书店入口处两个引人注目的信息所吸引。首先映入眼帘的是一张醒目的海报，上面预告了11月27日"今天的一本书"活动，推荐了一本备受期待的新书。海报上的文字和图片设计得非常精美，让人一眼就能感受到书店

① 淳久堂书店难波店

② 门店信息告知区

③ 书店新书推荐

④ 书店15周年店庆活动展示板

对新书的重视和期待。紧接着，我的目光又被另一则消息所吸引。原来，这家书店正在庆祝开业15周年。我从店员那里了解到，为了庆祝这一重要时刻，书店还准备了一系列特别活动。

书店虽仅一层，空间却明亮宽广，品种丰富且排列有序，检索系统完善，服务细致入微且态度和蔼。尤其值得一提的是，书店内部配置了众多桌椅与小凳，设计极具人性化，使读者能翻阅书籍、沉浸其中一整天。在此，人们可以暂时忘却城市的喧嚣，让疲惫的心灵得以休憩。

这家书店的内部氛围与图书馆非常相似，充满了静谧和专注的气息。每一位读者都在自己心仪的区域内，细致地挑选着自己感兴趣的书籍。大家彼此之间互不干扰，各自沉浸在自己的阅读世界中。这种和谐宁静的环境，让人感到非常舒适，仿佛置身于

图书借阅区一角

一个安静的避风港。

　　这里图书种类涵盖了男女老少各个年龄层，以及社会科学、自然科学、文学艺术等各个领域。书店内的书架设计简约质朴，每排书架都经过精心设计，空间均依据书籍开本大小进行精心规划，无论是厚重的学术著作还是轻薄的口袋书，都能有合适的摆放位置。每一列书架上都设有明确的类目标识，让人一目了然，轻松找到自己想要的书籍。令人赞叹的是，其分类体系极为详尽，即便是小众类别也占据了好几排书架。

　　漫画书籍在日本的书店中占据了显著的地位，成为一大特色。这类书按照不同的出版社进行精心摆放，在这里，可以看到各种风格和题材的漫画，从热血的少年漫画到浪漫的少女漫画，从悬疑的推理漫画到幽默的搞笑漫画，应有尽有。书店的每一个

书架设计简约质朴

角落都充满了漫画的魅力，仿佛走进了一个充满无限想象和创意的世界。无论是忠实的漫画迷还是偶尔的读者，都能在这里轻松地找到心仪的漫画作品。

书店的工作人员也会定期更新书架上的漫画书，确保最新的作品能够及时上架，让读者不会错过任何一部精彩的新作。那些经典的旧作也会被妥善放置，让读者可以随时回味那些历久弥新的佳作。

在专门为孩子们精心设计的区域内，集中展示了来自本地多家知名出版社的丰富绘本。这些绘本包括各种主题，从动物故事到奇幻冒险，从日常生活到科学探索，应有尽有。漫步在这个充满童趣的区域内，不禁让人想起日本绘本之父松居直曾经说过的一句话："绘本对幼儿没有任何'用途'，不是拿来学习东西

店内有不少中文图书

绘本展示区

的，而是用来感受快乐的。"这句话深刻地揭示了绘本的真正价值，即通过阅读绘本，孩子们可以在轻松愉快的氛围中，培养想象力和创造力，同时在故事中感受到生活的美好和世界的奇妙。

中文书籍在书店中的数量相对较少，占据了三列书架的空间，以经典名著类为主，涵盖了鲁迅、老舍、莫言等中国著名作家的作品。此外，还有一些与日本文化相关的书籍，以及在日本知名的中国作家的作品。与少儿书籍相比，成人书籍的品种更加丰富多样，大约有300种不同的书籍可供选择。

书店一角设有书籍查询自助服务设备，通过这些设备，读者可以预先进行书籍的查询，从而轻松地确定他们想要购买的书籍的具体摆放位置。查询过程非常简单快捷，只需输入书名、作者或ISBN等信息，系统便会迅速显示出相关书籍的详细信息。为了方便读者在书店内走动时继续查找，读者还可以将查询到的书籍信息及摆放位置图打印出来，以便携带。这样一来，读者不仅可以节省在书店内四处寻找书籍的时间，还能更加高效地购书。

同时，书店内设有卫生间，以供读者便捷使用，增加读者在

书店一角设有书籍查询自助服务设备

书店体验时的舒适性。

目前，难波店不提供简餐和咖啡服务，但店内有身穿白色上衣、绿色围裙的亲切店员面带微笑、轻声细语，随时准备接受读者的咨询。在工作日的傍晚时分，这家宽敞的书店内读者相对较少，大约仅占整体容量的三成，这时来逛可以在一个相对安静的环境中浏览和选购书籍。所有图书区域只接受现金和本地的一些支付方式，因此读者需要提前准备好。

图书收银区

尽管没有简餐和咖啡服务，但在这家书店购物，可以享受到极佳的购物体验，完成购书后，店员将会为读者提供精美包装服务，让读者深切感受到每一本书都受到了细致入微的呵护。

在这里会发现：你爱书，且书店爱你。

淳久堂书店或许并不如某些网红书店那般光彩夺目，但它散发着质朴的气息，宛如一位陪伴你身边的闺中密友。

在与"她"相遇时，无需刻意装扮或迎合，因为"她"能让你卸下所有防备，缓缓深入你的内心世界。

在这里，可以尽情地放松自己，享受阅读带来的宁静和愉悦。

有时，生活恰似一级级台阶，每向上攀登一层，都需我们凝聚起蹬脚向上的力量。我想，阅读正是那股推动我们前行的力量。

书籍亦是一个人品味的体现，它们如同熠熠生辉的一级级台阶，引领我们坚定地前行。每一本书都像是一片独特的拼图，拼凑出我们内心世界的全貌。通过阅读，我们可以不断地积累这些碎片，最终构建出一个更加丰富多彩的自我。■

印度尼西亚最大的进口书店：PERIPLUS书店

◎ 文／薛　曦

1985年开业的PERIPLUS书店，是一家为印度尼西亚读者提供高质量进口书籍和杂志的综合书店。PERIPLUS是Periplus Holdings的子公司，由Eric Oey所有，他创办了Periplus Editions，同时通过收购成为了Tuttle Publishing的所有者。多年来，PERIPLUS书店不断发展壮大，在印度尼西亚的多个城市开设分店，目前已在购物中心和机场拥有超过56家实体店，形成一个庞大的进口书店网络。书店除了提供进口书籍，还提供杂志、文具、办公用品、玩具和贺卡等各种其他产品，甚至包括手机配件、旅行配件等，横向铺陈各大城市、纵向涵盖各类文化用品，是名副其实的印度尼西亚最大进口书店。

近年来，由于人们购买力减弱，图书销量下降，Aksara等进口书店纷纷关闭了数家分店。可是，在其他书店衰落的情况下，PERIPLUS的销售仍然蓬勃发展。据雅加达一家购物中心的PERIPLUS工作人员介绍，与工作日相比，其门店周末的销售额

通常增加两倍。

目前，PERIPLUS书店在印度尼西亚首都雅加达有21家门店，数量最多。紧随其后的是巴厘岛，多达15家。其他城市如东爪哇、中爪哇、西爪哇、日惹等各有3家，万丹、东加里曼丹、西努沙登加拉省、东努沙登加拉省等各有1家。

PERIPLUS书店的门店选址很有特色。若将门店开在人来人往客流量大的购物中心不足为奇，开在机场甚至同一个机场开多家门店就比较有意思了。大略统计之下，PERIPLUS书店至少有

电子售书亭（E-Kiosk）

18家机场店。小城市以开在国际机场为主，而在雅加达和巴厘岛的机场，书店那就遍地开花了，国际、国内出发的航站楼中是必须有的，通常设在一楼、二楼的出发门，甚至机场走廊、登机口也能偶见其门店，可见分布之广。

五十余家实体店中，有的门店设有"电子售书亭"（E-Kiosk），有的门店设有咖啡馆。E-Kiosk即电子售书终端，就是在PERIPLUS的门店设置一台专用电脑，供读者浏览书目且现场预订书籍。若有不明之处，可以请店员协助办理，随时随地订购来自世界各地的书籍，直接送达家中或附近门店，免去不必要的麻烦。咖啡馆则是为读者提供一个更加轻松舒适的环境来体验进口书籍和杂志所带来的阅读乐趣。以雅加达为例，5家门店设有E-Kiosk，1家门店设有咖啡馆，位于国际机场。

除了实体店，PERIPLUS书店也与时俱进地提供网购选项。

PERIPLUS.COM网上书店被认为是印度尼西亚最好的线上零售商，读者可以从超过2100万本书籍和杂志中进行选择，并享受低廉的价格和快速、有保障的送货到家。读者只需进入官网选择心仪的商品付款，就可以在家中静心等待送货上门，服务贴心到位。

可以说，PERIPLUS门店、"电子售书亭"（E-Kiosk）与PERIPLUS.COM网上书店，以及在线购书店内取货（BOPIS）四种模式各有所长，相得益彰。因为经营者认为，书店需要与客户保持良好的关系，提供全方位的服务，这样人们的读书热情才会持续增长。

Periplus Plaza Senayan分店外观

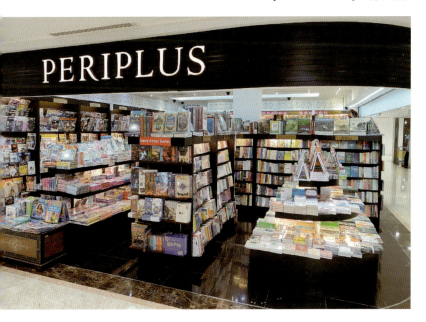

作为店名，PERIPLUS广为人知，但这个词本身对大多数人甚至印度尼西亚本地人来说可能都是陌生的。因为这个词来自于拉丁语，意思是"旅行记录"。进一步探究，"periplus"一词源于古希腊词汇"períplous"（περίπλους），它是perí（περί，漫步周边）和ploûs（πλους，旅程；词根是plein，游泳）的组合。简而言之，"periplus"一词意为："指南"或"航行笔记"。

　　其实，Periplus或Periplous原指一种航海手稿，按航行顺序列出港口和海岸地标，并估算距离，以便船长顺利找到海岸。仔细琢磨该词演变过程，可将此店名PERIPLUS理解为：在浩瀚知识海洋中航行之指南。顿时，让人一下子领会到创办人为书店命名的良苦用心。无怪乎，PERIPLUS书店能如此自信地在印度尼西亚各地开设了众多门店，还通过印度尼西亚最大的在线网络平

哈利·波特系列及各种畅销书

台PERIPLUS.COM为数字一代提供无忧无虑的快捷服务。

Periplus Plaza Senayan分店离我的工作地点最近，所以我决定下班后去探访这家PERIPLUS书店。Senayan位于雅加达中心地段，购物中心里人头攒动，尤其是新年临近，商场里到处洋溢着节日气氛。我一度迷失，询问了工作人员，才在地下一层找到了书店。果然是闹中取静啊，书店安于一隅，自得其乐。门面呈环状敞开过半，给人以柔和包容开放的感觉。

书店不大，就三四十平方。既然是书店，当然以书籍为主。放眼望去，几乎都是英文书。包括历史、政治、宗教、艺术、商业及计算机等专业书籍，小说、传记与回忆录等文学读物，以及青少年与儿童读物、漫画与绘本、美食烹饪读物、健康养生读物、运动旅行读物等。当然，少不了专门介绍印度尼西亚的各种书籍，被陈列在专用书架上。据门店经理介绍，商业书籍和儿童读物是PERIPLUS搜索频率较高和较畅销的类别。一迈入书店区域，宽门面正中央赫然摆着哈利·波特系列。理所当然，畅销书一定是享有特殊待遇，被单独陈列的。书店里的畅销书还细分月畅销、周畅销，均摆放在较醒目的位置。

听当地朋友说，初期，PERIPLUS书店有很多中文书籍，中文爱好者和学者专家都会去那里购买中文原版书。这次，我好奇地四处寻找，结果只在虚构类（Fiction）书架上找到屈指可数的几本。与日本漫画摆在一起，不仔细看可能未必找得到。不过，我在右侧架上找到了四大名著之一——《红楼梦》，这可真是意外惊喜！其与日本近代文学巨匠夏目漱石的代表作兼成名作——《我是猫》并列摆放。不过，说实话，惊喜之余，我又对其封面设计产生一种说不出的感觉。封面女子衣着华丽、红火喜庆，像

书架上的英文版《红楼梦》

是婚庆着装，虽面容忧郁，却无论如何无法让人联想到林黛玉。或许这就是南洋一带所理解的中国传统文化吧。

该书由TUTTLE Publishing（马来西亚）出版，定价448,000印尼盾，约合人民币200元左右。封底印有文学评论家安东尼·韦斯特的倾情推荐："《红楼梦》是世界文学史上最伟大的小说之一，对于中国人来说，它就像普鲁斯特之于法国人、卡拉马佐夫之于俄国人一样。"推介还说，《红楼梦》以其史诗般的宏大规模、丰富的人物心理刻画和对中国社会家庭生活和女性角色的深刻洞察而闻名于世。它被公认为中国文学史上最伟大的作品，也是世界文学史上最伟大的作品之一。

看到这里，身为中国人，自豪感油然而生。

然而，由于在Senayan分店里能找到的中国元素相关书籍太少，我感觉意犹未尽。于是特地找个周末，来到Periplus Grand Indonesia店继续探秘。据说Grand Indonesia是雅加达最大的购物中心，果然，这家门店气派非凡！门面依然呈环状半敞开式，整体色调温馨柔和，不禁让人眼前一亮！驻足片刻，我留意到读者群体以年轻人居多，不由得联想到PERIPLUS的一句口号："燃起印度尼西亚年轻一代阅读热情！"

我也莫名兴奋起来，急切地开始寻找我的目标——中国相关书籍。功夫不负有心人，我仿佛发现了一座宝藏！一本接一本，类型丰富，题材多样，一转眼儿我手上已经抱着一大摞书了！真是不虚此行啊！

悉数浏览过后，我将手头搜集到的中国元素的书籍大致分为

Periplus Grand Indonesia分店外观

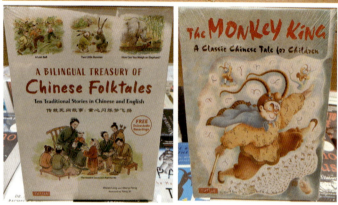

书架上除了《红楼梦》外，还有《三国演义》和《水浒传》。还陈列着儿童绘本：《传统民间故事：童心闪烁梦飞扬》与《美猴王》。

三类。

其一，虚构类（Fiction）书架上除了Senayan分店看到的《红楼梦》外，还有《三国演义》和《水浒传》。《三国演义》有两种版本。唯独不见《西游记》，不禁令人费解。不过，想了想后，我又觉得情有可原。因为曾经听当地朋友提到，十几年前本地电视台播放过《西游记》的电视剧，估计对于成年读者，孙悟空的故事已经耳熟能详了，未必需要阅读原著。当然以上只是我的个人猜测，也有可能出于其他原因，在此就不深究了。以上三本名著与世界各国经典作品同列，极具辨识度。

其二，在经管类（Business）书架上如海滩拾贝般收获不少意外。有《孙子兵法》及《孙子兵法女性版》，有介绍中国崛起之软实力的图书，还有关于中国（商务）礼仪方面的图书，令我眼界大开。很显然，近些年中国经济的飞速发展也唤起了当地民众进一步了解中国现状的兴趣与意愿。

其三，在儿童类（Children Books）书架上看到两本中国儿童绘本：《传统民间故事：童心闪烁梦飞扬》与《美猴王》。《传统民间故事：童心闪烁梦飞扬》精选了《曹冲称象》《昭君出塞》《女娲补天》《司马光砸缸》等脍炙人口的中国传统民间故事，以古朴自然的画风呈现精彩生动的故事情节。《美猴王》则完全是另一种画风，以夸张搞笑的卡通风格妙趣横生地再现美猴王传奇。每一本都画面精美、画工考究，满满中国味儿，令人爱不释手。

逛了两家PERIPLUS书店，有惊喜，也有失望，但毕竟是全印度尼西亚最大规模的进口书店，还是给我留下了深刻的印象。我想，将来有机会去到印度尼西亚的某个城市或往来于某个机场，我都会刻意去找找PERIPLUS书店，翻一翻、看一看，感受一下每一家PERIPLUS分店的不同氛围和特色！ ■

后 记

◆ 汪耀华

　　自从2021年10月开始在上海市书刊发行行业协会主持的"上海书展"微信公众号上陆续刊发"全球书店步行"文章，至2025年1月，累计刊发了100余篇，已经分四辑由上海人民出版社出版。本书是第五辑，收入22篇。

　　感谢50位作者。其中，供稿最多的是郭靖玲（11篇）、朱瑾（10篇）、昭觉（8篇）、李璐（7篇）、杜先菊（5篇），2篇以上的有黄贺强、刘健、汪承颖、张洪凌、曹博、高牧云、王焰、支隽贤、朱明、朱钰芳等10位；有36个国家的书店被慧眼相中，这些国家包括美国（18篇），法国（13篇），英国（7篇），日本（6篇），荷兰、西班牙、意大利各有5篇，比利时、加拿大、澳大利亚各有4篇，德国3篇，捷克和匈牙利各有2篇等。

　　当初的想法是集100篇成5本一套书，那时还属"疫情"期间，这样的想法只是为了提振信心。况且，我也没有把握能找到几位写作者。好在自己也努力，从出版社同事中寻找，分别约请高克勤、吕健、赵玉东等社长或其女儿撰写，使其人生的第一篇公开发表的文章都是关于"书店步行"；李芳、黄昱宁等推荐了各自在法国、美国的译者加入撰写的行列；江利、支绍和、王延水等在异国定居或留学的年轻人，听从父母的建议，也走进书店观察练笔。尤其是中国国际书店副总经理汪彤并同事欧洋在步行"收尾"之际，邀请了墨西哥、南非、印度尼西亚、古巴、俄罗斯的作者撰稿，加上作者之间互相推荐，使我得以圆梦，实现100篇的突破。

感谢胡国强、阚宁辉、彭卫国、忻愈、曾原、李爽、许伟国、顾斌、金浩、刘军、邹斌、华楠、孙肖平、缪宏才、孙玉、王京、刘佩英、刘瑞刚、石斄、曹培雷、石洪颖、夏峥嵘等领导在此期间对于《全球书店步行》专题的评价和鼓励。

想来，约稿和编发这些文章也是不容易的事。找作者、盯稿件、配图文等，不是一次能解决的。还需克服时差、语言差异、书写习惯不同，以及图片呈现的多语种多题材等需要辨别，都不是一蹴而就的，常常需要三四个来回，好在作者都能理解我等知识储备不足而施以宽容。

在这些年中，日子过得也很紧张。"步行"的稿件由我组稿、催稿并收稿，交编辑修改后再与作者沟通直至我同意在周五的下午发稿，经"后台"制作且我签字认可后，固定于每周日上午9:00在"上海书展"微信公众号首发。感谢我的同事王雪明、刘智慧先后担任微信首发的编辑，锲而不舍地"打磨"这些稿件。当然，她俩对工作的认真负责有时也会使我"难堪"。如每到周五的上午，她们会小心地问我，步行的稿子有吗？有的话我早就拿出来了。

感谢所有的作者，我们都会成为朋友，有的作者回上海探亲时特地送了我一顶巴黎限量款奥运会纪念帽子，以抵抗冬季的寒冷；有的给我留下了居住国的地址，以备我哪天能出游时登门；有的不仅自己写还不断点赞，使我的朋友圈因此不断扩大。

我为有想法能实现、有机会能把控而自乐，因为能够成就这件事不是容易的。感谢上海人民出版社张晓玲等责任编辑的尽心尽责，感谢王为松、温泽远、曹培雷、纪轶倍、钱敏等前后任领导的鼓励，前同事王蓓的装帧设计，以及出版社校对、出版、发行、财务等部门多位同事的支持。

　　感谢会长李爽的赞同和撰写前言，也感谢协会秘书处同事的配合。期待继续加油！

2025年3月12日

图书在版编目(CIP)数据

全球书店步行. 第5辑 / 汪耀华主编. --上海：上海人民出版社，2025. -- ISBN 978-7-208-19618-6

Ⅰ. G239.1

中国国家版本馆 CIP 数据核字第 20253MP937 号

责任编辑　张晓玲　宋　晔
封面设计　雷　昊

全球书店步行(第五辑)

汪耀华　主编

出　　版　上海人民出版社
　　　　　（201101　上海市闵行区号景路 159 弄 C 座）
发　　行　上海人民出版社发行中心
印　　刷　上海盛通时代印刷有限公司
开　　本　787×1092　1/32
印　　张　9
字　　数　188,000
版　　次　2025 年 6 月第 1 版
印　　次　2025 年 6 月第 1 次印刷
ISBN 978-7-208-19618-6/G·2223
定　　价　88.00 元